CONTENTS
내 고양이 장수하는 비결

03 Introduction

05 제1장 고양이 기초지식
06 얼굴
07 몸
08 고양이의 라이프 스테이지
10 새끼 고양이/약묘(若猫)
11 성묘(成猫)
12 시니어 고양이
13 요즘 고양이들의 생활

14 칼럼1 고양이의 잡학

15 제2장 장수하는 비결
16 고양이를 장수시키는 식사
17 식사에 대한 의문
18 사료와 식사 알아두어야 할 것
20 고양이에게 GOOD & BAD 음식
22 스톱! 고양이의 비만
24 고양이를 장수시키는 생활환경
26 생활환경 알아두어야 할 것
28 고양이를 장수시키는 운동
30 고양이를 만족시키는 놀이법
31 고양이의 스트레스에 관하여

32 칼럼2 고양이의 신기한 행동

33 제3장 손질 테크닉
34 고양이의 바디 손질
35 몸을 체크하자
38 각 부위 손질하기
40 약 먹이는 법을 알아보자
41 알약·캡슐 먹이는 법
42 물약 먹이는 법 / 안약 넣는 법
44 알아두어야 할 고양이에게 많은 질병
47 질병 신호
48 고양이에게 필요한 예방접종
49 동물병원 고르기

50 고양이 언어·몸짓 사전
51 고양이 언어 편
56 고양이 몸짓 편

62 알아두어야 할 고양이 사육 5개 조항

Introduction

반짝이는 눈동자와 보들보들한 털, 실룩샐룩한 수염에 핑크색 육구.
입양하는 그 순간부터 고양이는 가족의 일원입니다.
활기차게 뛰어놀다 쌔근쌔근 잠자는 모습에
흐뭇해지는 묘주 분들도 많겠죠.
그래서 더더욱 신중하게 생각해야 합니다.
내 고양이가 건강하게 오래 사는 법.

지금 바로 실천할 수 있는 내 고양이 장수하는 비결을 알려드립니다.

영원히 함께 있고 싶으니까 —

사진·아프로

제1장
고양이 기초지식

고양이는 건강한 신체와 뛰어난 감각기관을 가진 동물이다.
고양이의 기본적인 신체 구조와 라이프 스테이지별 특징,
알아두어야 하는 기초지식 등을 알아보자.

고양이 기초지식
얼굴

건강한 몸과 예민한 감각기관

고양이의 선조는 리비아 야생고양이라고 알려져 있다. 기본적으로 혼자서 사냥을 하며 살아온 동물이므로 상당히 용감한 반면, 위험이나 공포에는 매우 민감하다. 이렇게 혼자서 수렵생활이 가능했던 것은 뛰어난 신체 기능과 감각기관이 있었기 때문이다. 지금은 생활환경이 많이 달라졌지만 그래도 야생성은 남아 있다.
예를 들어 평소에는 느긋하다가도 비상시에는 민첩하게 움직이는 고양이의 몸. 위험을 감지하기 쉽도록 발달된 눈, 귀, 코 등의 감각기관. 지금은 개보다도 고양이에게 야생성이 더 남아 있다고 한다. 그럼 여기서 고양이의 기본적인 신체 구조를 알아보도록 하자. 사람들은 고양이가 무표정하다고 하지만, 고양이는 자기의 기분을 다양한 몸짓과 표정으로 보여준다. 이것도 고양이 특유의 건강한 몸과 우수한 감각기관이 있기 때문이다.

귀
인간보다 넓은 주파수의 음을 들을 수 있다. 평상시에는 앞을 향하고 있지만 위험을 감지하면 뒤로 젖혀져 있거나 옆으로 평평해져 있다.

눈
시력은 좋지 않아 인간의 10% 정도밖에 못 본다고 하지만 희미한 불빛만 있으면 어두운 곳에서도 잘 볼 수 있다. 시야가 넓고 거리나 높이감을 측정할 수 있는 것도 특징이다.

입
고양이의 입은 기본적으로 잘 닫혀 있고 개처럼 입으로 체온조절을 하지 않는다. 헉헉대고 있을 때는 컨디션이 상당히 좋지 않다는 증거이다.

고양이 기초지식
신체

꼬리

꼬리에는 미추라는 뼈가 있고, 길이에 따라서 그 수(16~21개)가 다르다. 점프할 때나 높은 곳을 걸을 때 꼬리로 밸런스를 잡는다.

등

유연하게 늘어나고 줄어든다. 또 경계 시에는 등을 아치형으로 동그랗게 말고, 편해지면 편다. 놀라운 점프력을 지탱하는 스프링과 쿠션 같은 역할을 한다.

뒷다리

앞쪽으로 튀어나온 부분이 무릎, 뒤쪽으로 튀어나온 부분이 발꿈치이다. 전신을 지탱하는 근력을 갖추고 있어 점프나 전력질주 등을 담당한다.

육구

발바닥 정중앙에 한 개, 각 발가락에 한 개씩 육구가 있다. 높은 곳에서 뛰어내렸을 때 쿠션 역할을 한다. 발소리를 내지 않고 걸을 수 있는 것도 육구 때문이다.

앞다리

앞다리에는 쇄골이 있기 때문에 광범위하게 움직일 수 있다(개는 쇄골이 없다). 엄지손가락이 옆쪽에 달려 있고, 이른바 까치발 상태로 걷는다.

고양이의 라이프 스테이지

평균 수명은 16세 전후, 20세가 넘는 고양이도 있다

고양이는 임신부터 출산까지 대략 2개월 정도 걸린다고 알려져 있다. 한 번의 출산으로 3~6마리 정도의 새끼를 낳는다. 생후 2개월 정도까지는 어미가 식사와 배뇨를 돌봐주는 시기이므로 만약 해당 연령의 새끼 고양이를 주웠다면 사람이 돌봐주어야 한다. 동물병원에서 적절한 처치를 받을 수 있으니 가보도록 한다.

생후 6개월까지가 새끼 고양이 시기로, 활발하게 돌아다니므로 환경을 잘 정비해주자. 또 사람으로 말하면 청소년기에 해당하는 약묘기(若猫期)에는 처음 발정기를 맞는다. 한 살이 넘으면 몸도 거의 어른만큼 자라고 성묘기(成猫期)에 들어간다. 나이와 더불어 성격이 차분해지는 고양이가 많은데, 거세나 불임수술을 하면 천진난만한 성격이 그대로 남는 경우도 있다. 8세가 넘으면 시니어 고양이라고 불리는 노령기에 접어든다. 의료가 발달한 요즘은 고양이의 평균수명이 약 16세로 길어졌고, 20세를 넘는 고양이도 많다.

【 7개월 】
7개월이 되면 몸이 상당히 단단해지고, 처음 발정이 시작되는 고양이도 있다. 암컷은 불임 수술을 염두에 두자.

【 9개월 】
두 마리 모두 약 9개월 된 고양이다. 개체에 따라서 몸의 크기나 성격이 다르다.

갓 난 고양이
생후 7일 무렵에 눈을 뜨고 10일 무렵에 귀가 들린다. 어미로부터 수유, 배뇨 등의 도움을 받으면서 살아가는데 필요한 행동을 습득해간다.

2개월 무렵

자묘기(子猫期)
형제나 또래 고양이와 활발하게 잘 논다. 서로 물고 뒹굴고 하면서 사냥의 동작을 익힌다. 공포심보다 호기심이 강한 시기이다.

6개월 무렵

약묘기(若猫期)
이른바 처음 발정을 맞는 시기로 몸도 행동도 성묘와 비슷해진다. 발정 전에 거세나 불임수술을 하면 자묘다운 천진난만함이 남는다.

1세 무렵

【 5개월 】
형제끼리 재미나게 노는 5개월 된 새끼 고양이들. 호기심이 왕성하고 경계심이 적은 시기이기도 하다.

【 1세 】
사진은 1년 10개월 된 고양이. 거의 2세에 가깝다. 몸은 완전히 성묘다워졌다.

나이에 대한 궁금증

7세가 되면 바로 시니어?

노화의 징후는 개체별 차이가 있어 10세가 넘어도 젊어 보이는 고양이가 있다. 하지만 시력이 떨어지거나 냄새를 잘 못 맡는 등의 징후는 겉으로 알 수 없으므로 고양이의 평소 행동을 잘 관찰하여 변화가 없는지 확인하자.

성묘가 되었는데도 차분하지 않다

첫 발정 전에 거세나 불임 수술을 하면 새끼 때의 천진난만한 성격이 그대로 남아 있어 장난을 심하게 치는 경우가 있다. 놀이 시간을 늘려 운동을 시키자.

주워온 고양이이므로 나이를 모른다

동물병원에 상담하면 대강 몇 살인지 알 수 있다. 나이나 건강상태에 따라 식사나 생활환경을 정비해줄 필요가 있다. 고양이를 주웠다면 나이에 상관없이 일단 동물병원에 데리고 가도록 하자.

【3세】 3세가 되면 성격이 확실해진다. 사진의 고양이는 주위 고양이들보다 얌전한 타입이다.

【7세】 머지않아 시니어기에 접어드는데 사진 속의 고양이는 모습도, 성격도 젊어 보인다. 집고양이는 특히 젊어 보인다.

성묘기(成猫期)

1세를 넘기면 몸도 거의 성장한다. 공포심이 적었던 자묘기에 비해 사물의 기호가 확실해지고 성격에 차이가 생긴다.

8세 무렵

시니어기

8세 이후부터 서서히 노화가 시작되므로(개체 차이가 있다) 반려인은 사료나 생활환경 등을 시니어용으로 바꿀 필요가 있다.

【18세】 털의 윤기 등 상태는 쇠퇴했지만 얼굴 주변이 상당히 예쁜 18세의 멋진 장수 고양이다.

【7세】 이 아이도 7세. 겉모습은 젊어 보이지만 질병이 발견되는 경우도 있으니 건강에는 주의를 기울인다.

【13세】 질병이 없으면 10세가 넘어도 생활에는 별 차이가 없다.

【15세】 당뇨병을 앓고 있는 15세 고양이. 질병에 따라서 반려인의 간호가 필요해진다.

자묘(子猫)

반려인의 주의사항
- 방안을 정리정돈
- 음식물의 확인

자묘기의 특징
- 호기심이 왕성하고 공포심이 적다
- 사냥 등의 동작을 익힌다

공포심보다 호기심이 많아 무슨 일에든 흥미를 느낀다

갓 태어난 고양이는 생후 7일 무렵에 눈을 뜨고, 10일 무렵에 귀가 들리게 되며, 20일 무렵에는 걷기 시작한다. 생후 5~6주 사이에 이빨이 모두 갖추어지므로 이 무렵부터 이유식을 주도록 하는데 이유식을 먹지 않고 우유를 먹으려는 새끼도 많으므로 개체별로 대응한다. 이 시기부터 생후 6개월 무렵까지가 이른바 새끼 고양이 시기이며, 펫 숍에서도 종종 볼 수 있게 된다. 주위 사물에 흥미가 많은 시기로 처음 대면한 물건이나 사람에게 겁먹지 않고 다가가는 시기이다. 형제나 또래 고양이가 있으면 서로 물고 뒹굴고 장난치면서 사냥의 동작을 익힌다.
집에 새끼 고양이가 있는 경우에는 환경에 주의하기 바란다. 생각지 못한 장소에 갇히거나 단차가 있는 곳에서 떨어지는 일도 있으므로 유심히 살피도록 한다.

약묘(若猫)

반려인의 주의사항
- 거세, 불임 수술 판단을 한다
- 고양이들 관계에 주의한다

약묘기의 특징
- 첫 발정기를 맞는다
- 강하게 힘을 어필한다
- 개체별로 성격 차이가 뚜렷해진다

발정기를 맞아 암수컷의 특징이 뚜렷해진다

생후 6개월 무렵에서 1세 무렵까지의 시기를 말한다. 엄밀하게 말하면 약묘(若猫)라는 구분은 없지만 자묘만큼 어리지 않고 성묘만큼 성숙하지 않은 시기를 가리킨다. 인간으로 말하자면 중학생에서 고등학생 정도로 2차 성징이 나타나는 청소년기에 해당한다. 약묘의 큰 특징은 발정기가 다가온다는 점이다. 빠른 고양이는 생후 5개월 무렵부터 시작된다. 수컷 고양이는 놀면서 힘을 어필하고 마킹이 빈번해지는 것도 이 시기이다. 반면 암컷은 페로몬을 풍기기 시작한다. 암컷은 발정이 오기 전에 불임 수술을 하는 것이 좋다고 알려져 있다. 수컷은 6~10개월 전후에 거세해도 괜찮다. 또 이 무렵부터 장난꾸러기, 얌전이, 신경질쟁이 등 고양이의 성격이 나타나기 시작하므로 성격에 맞추어 대하는 것이 중요하다.

성묘(成猫)

기력, 체력 모두 충만, 평소 주의를 요하는 시기

1세 이후부터 8세 무렵까지 이어지는 이른바 어른 고양이다. 몸도 성격도 성숙하고 기력과 체력 모두 충만한 시기이다. 아마도 밖에서 키우는 고양이나 들고양이는 적극적으로 돌아다니며 영역 확대에 힘쓰고 있지 않을까! 또 거세나 불임 수술을 하지 않은 들고양이는 일 년에 두 번 정도, 집고양이는 일 년에 서너 번 정도 발정 시기를 맞는다.

거세나 불임 수술을 한 집고양이는 집(혹은 방)을 자신의 영역으로 안정된 생활을 하는데, 아무래도 운동량이 부족해지므로 식사에 신경 쓰자. 캣 타워나 단차 등으로 고저 차를 만들면 높은 곳을 좋아하는 고양이에게 좋은 운동이 된다. 내 고양이가 건강하더라도 평소 잘 살펴야 한다. 여느 때와 다른 모습을 보이거나 왠지 이상하다고 생각되면 바로 병원에 데리고 간다. 간혹 질병을 조기에 발견하는 경우도 있다.

수컷은 늠름해지고, 암컷은 예쁘게 성장한다(개체차, 종의 차가 있다). 개성이 뚜렷하게 나타나므로 각 고양이에게 맞게 대하는 것이 중요하다. 얌전한 고양이를 억지로 사람들과 만나게 하는 행위는 삼가자.

반려인의 주의사항
- 개체별로 적합한 식사로 비만을 예방한다
- 정기적으로 건강진단을 한다

성묘의 특징
- 기력, 체력 모두 충만한 시기
- 유전성 질환이 발병하는 경우도 있다

시니어 고양이

장기치료가 필요할 수 있으므로 돌볼 마음의 준비를 한다

개체별 차이는 있지만 대략 8세 이후부터 조금씩 노화의 징후가 나타난다. 요즘은 평균 수명이 16세 전후이므로 생의 절반을 시니어 고양이로서 지내게 된다.

식사는 저알칼리·고단백 음식을 중심으로 바꾸는데, 갑자기 사료를 바꾸면 먹지 않을 수 있으므로 서서히 바꾸도록 한다.

건강한 고양이는 8세가 넘어도 건강상태나 행동에 큰 변화가 없지만 잘 살펴보면 흰머리가 있거나 노는 시간이 급격하게 줄어드는 등 조금씩 변화가 나타난다. 만약 갑자기 움직임이 안 좋아졌다면 위중한 질병에 걸렸을 가능성이 있으므로 바로 병원에 간다.

13~14세가 되면 당뇨병이나 신부전 등 평생 함께 해야 할 질병이 발병하는 경우도 있다. 물론 젊을 때 발병하는 고양이도 있다. 어떻게 돌봐야 할지 수의사와 상담해보기를 권한다.

반려인의 주의사항
- 정기적으로 건강검진을 한다
- 생활환경, 식사를 재점검한다

시니어 고양이지만 젊어 보이는 아이도 많다. 행동이나 몸짓을 잘 확인하자. 어느새 시력이 나빠진 경우도 있으니 애묘의 평소 모습을 살펴두자.

성묘의 특징
- 신체적으로 쇠약해지기 시작한다
- 지금까지 가능했던 일이 불가능해진다

요즘 고양이들

건강이나 안전 면에서 실내에서 키우기를 권한다

요즘 고양이는 집고양이와 길고양이로 나눌 수 있다. 집고양이는 말 그대로 실내에서 키우는 고양이이다. 길고양이에는 세 종류가 있는데, 첫 번째는 자신의 힘으로 살아가는 순수 들고양이다. 두 번째는 지역 등에서 키우는 지역 고양이, 마지막으로 실내와 실외를 자유롭게 오갈 수 있는 사육 고양이가 있다. 밖에서 사는 고양이는 운동량이 많고, 작은 동물을 쫓거나 사냥 등의 행위로 본능을 충족시킬 수 있는 반면, 고양이 간의 싸움으로 부상을 입거나 사고를 당하는 일도 적지 않다. 밖에 나간 후 돌아오지 않는 경우도 있다. 이런 상황들 때문에 요즘에는 실내 사육을 권하고 있다. 실내 사육은 싸움이나 전염병의 위험은 줄어들지만, 운동량이 부족해진다. 장수로도 이어지므로 맞춤 놀이법이나 적절한 식사로 비만 방지에 힘쓰자.

집고양이

인간과 함께 사는 집고양이. 사고나 싸움의 가능성이 적기 때문에 장수하는 경향이 있다. 또 주인과 유대감도 쌓기 쉽다. 다만 잠자리와 식사가 안정적으로 공급되기 때문에 운동량이 부족해질 수 있다.

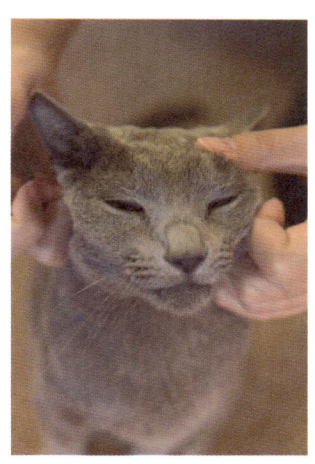

집안에서 종일 잠만 자는 고양이도 있다. 평온하게 자는 모습을 보면 흐뭇해진다.

장점
- 주인과의 관계가 돈독해진다
- 질병이나 싸움의 우려가 줄어든다
- 임신, 출산이 줄어든다

단점
- 운동 부족

길고양이

본능이 충족된 생활이 가능하지만, 싸움이나 질병의 가능성이 높아진다. 일본에서는 고양이가 많은 거리나 섬 등, 이른바 고양이 스팟도 많은데, 이들 지역에서는 고양이가 관광 상품이기 때문에 지역 주민이 마리 수를 관리하는 경우도 있다.

길고양이 중에는 배가 고플 때만 특정한 집에 가서 밥을 얻어먹는 경우가 있다.

장점
- 본능이 충족된 생활이 가능하다.

단점
- 질병이나 싸움의 가능성이 높아진다
- 마리 수가 늘어난다

고양이의 상식

아주 오래전부터
인간과 함께 생활해 온 고양이.
그만큼 고양이에 얽힌
에피소드나 전설도 많다.
고양이에 관련된 상식과
소소한 이야기를 들어보자.

고양이는 단맛을 느끼지 못한다

개를 키운 적이 있다면 알겠지만, 개는 비교적 단 것을 좋아한다. 아이스크림이나 크림류, 과일을 좋아하는 개가 많아 견주가 케익 등을 먹고 있으면 달라고 보챈다는 이야기를 자주 듣는다. 그것은 혀에 단맛을 느끼는 부분이 있기 때문이다. 반면 고양이의 혀에는 단맛을 느끼는 부분이 없기 때문에 주인이 케익을 먹거나 과일을 먹고 있어도 별 반응을 보이지 않는다. **야생시절 육식에 특화되어 살아왔기 때문에 점차 단맛을 느끼지 못하게 되었다고 한다.** 반대로 고기가 썩었는지 판단하기 위해서 신맛을 느끼는 감각이 발달되어 있다.

고양이의 기억은 16시간 지속된다

미국 미시간 대학에서 개와 고양이의 기억력을 테스트 하는 실험을 했다.
①여러 개의 상자를 나열한 후 램프가 들어온 상자 밑에만 먹이를 놓고 그것을 기억시킨다→②램프를 짧은 시간 소등한다→③개, 고양이가 얼마 만에 그 상자를 찾아가는지 살핀다. 개는 5분 만에 상자의 위치를 잊어버렸지만, 고양이는 16시간이나 기억하고 있었다. **이는 지능이 높기로 유명한 오랑우탕과도 견줄 만하다.** 물론 이 실험만으로 개의 기억력이 고양이보다 나쁘다고 할 수는 없다. 일설에 의하면 집단행동을 하는 개는 반복 연습을 통해 사물을 기억하는데 비해, 고양이는 혼자서 생활하기 때문에 한번 보면 오래 기억하는 것이다.

고양이의 신체 능력 이야기

제1장에서 잠깐 언급했는데 고양이의 신체 능력은 상당히 뛰어나다. 우선 인간보다 훨씬 뛰어난 귀와 눈을 가지고 있으며, 시력은 좋지 않지만 희미한 불빛만 있으면 암흑 속에서도 주위를 볼 수 있다. 또 자면서도 소리나는 방향으로 귀가 움직일 정도로 예민한 청력을 가지고 있다. 높은 주파수의 음을 잘 듣는 것은 쥐의 울음소리에 맞춰져 있기 때문이라고 한다. 무엇보다 뛰어난 것은 놀라울 정도의 밸런스 능력이다. **고양이의 점프력은 대략 자신의 신장의 5배 정도이며 3~4층 높이에서 떨어져도 공중에서 멋지게 회전하여 착지한다.** 아마도 혼자서 살아가기 위해 이런 뛰어난 신체 능력이 발달했을 것이다. 집고양이도 놀이나 몸짓 곳곳에 이런 모습을 방불케 하는 움직임을 보일 때가 있다. 고양이가 도시의 야생동물이라고 불리는 이유를 알 것 같다. 다만 신체 능력에는 개체별 차이가 있다.

제 2 장
장수하는 비결

고양이를 장수시키기 위해 필요한 것. 그것은 식사, 생활환경, 운동이다.
본 장에서는 항목별로 장수시키는 포인트를 소개한다.
알아두어야 할 지식을 Q&A로 함께 살펴보자.

고양이를 장수시키는 식사

단백질이 함유된 신뢰할 수 있는 사료를 준다

고양이는 완전한 육식동물이므로 사람과 필요한 영양소가 다르다. 단백질 섭취가 가능한 육류와 생선을 주체로 한 식사를 주는 것이 중요하다. 또 그런 식재료에 들어 있는 칼슘이나 비타민 등의 다양한 영양소도 튼튼한 몸을 만들기 위해 반드시 필요하다. 시판되고 있는 캣 푸드는 고양이에게 필요한 영양 밸런스를 고려해서 만들어졌고, 또 성장 단계에 맞추어 영양을 조정한 것도 있다. 주식으로 주는 경우는 국가의 펫 푸드 공정거래협의회의 시험을 통과한 종합 영양식, 혹은 미국사료협회(AAFCO)가 인정한 기준을 충족시킨 것이 안전하다.

고양이를 장수시키기 위해서는 식사가 매우 중요하므로 반려인은 고양이에게 맞는 것을 잘 선택해야 한다.

식사에 대한 궁금증

Q 식사 횟수를 정하는 것이 좋을까요?

A 고양이는 하루에 여러 번 식사를 하는 습성이 있으므로 횟수를 정하지 않아도 문제는 없다. 가족의 생활 리듬에 맞추고 싶을 때는 횟수를 정하면 고양이도 순응한다. 비만이나 질병을 앓고 있는 고양이는 수의사와 상담하여 계획적으로 식사를 주도록 한다.

Q 기준량을 주는데도 남깁니다…

A 시판하는 사료의 공급량은 평균치이다. 필요한 영양은 개체별로 차이가 있으므로 먹다 남겨도 건강하고 체형이 유지되면 문제는 없다. 잘 먹지 않아서 마르거나, 먹는데도 살이 찌는 않는다면 수의사와 상담한다.

Q 음식을 그릇에 담아 놓아도 괜찮은가요?

A 건강한 고양이는 식기에 하루의 공급량을 넣어두면 자신의 페이스에 맞추어 먹는다. 다만 더운 계절에는 신선도가 떨어지고 빨리 상하므로 주의한다. 특히 수분이 많은 사료나 직접 만든 음식은 상온에 두지 않는 것이 바람직하다.

사료와 식사

Q 사료를 먹지 않을 때는 어떻게 하면 좋을까요?

A 소리를 내면서 사료를 그릇에 담거나 입에 소량 넣어주면 먹는 경우도 있다. 사료를 바꾼 후 먹지 않는다면 이전에 먹던 것과 새로운 것을 절반씩 섞어 주면서 서서히 새로운 것으로 바꾼다.

Q 사료의 종류를 자주 바꾸어도 괜찮은가요?

A 메이커나 사료에 따라서 원재료나 영양소가 다르므로 여러 종류를 돌아가면서 주면 밸런스 좋게 섭취할 수 있다. 선택한 것 중에 간혹 고양이에게 맞지 않는 성분이 들어 있을 수 있으므로 그런 사료는 피한다.

Q 고양이에게 간식을 주어도 괜찮은가요?

A 고양이는 개처럼 훈련을 하는 일이 적으므로 교육 후 포상으로 간식을 줄 필요는 없다. 기호품으로 주는 경우는 주식의 10% 이하로 제한한다. 또 사람이 먹는 음식은 주지 않도록 한다.(P20~21참조)

Q 주면 안 되는 사료도 있나요?

A 영양 밸런스가 맞고 신선도 좋은 식사가 기본이다. 단백질이 주체여야 하며, 드라이는 한 달(2주일이 바람직) 이내, 웨트는 개봉 후 빨리 먹는 것이 좋다. 이런 요소가 충족되지 않은 사료는 피한다.

알아두어야 할 것

Q 어떤 캣 사료가 좋을까요?

A 종합 영양식이라고 기재된 것, 혹은 AAFCO 기준을 통과한 품질 좋은 것을 선택한다. 또한 원재료의 원산지, 푸드 제조원, 관리 상황 등을 확인할 수 있으면 좋다. 꼼꼼하게 검토하자.

Q 드라이나 웨트 등 사료 선택은 어떻게 하나요?

A 고양이는 먹는 것에 집착이 강한 동물이다. 냄새나 식감에 기호가 있으므로 처음에는 여러 종류를 준비해서 맛보게 한다. 웨트 사료보다 드라이 사료가 목이 마르므로 물을 많이 먹이고 싶을 때는 드라이 사료를 선택한다.

육류

단백질은 고양이에게 중요한 영양소이지만 주식에 더해서 주는 경우는 칼로리 과다에 주의해야 한다. 뼈는 식도를 다치게 할 우려가 있으므로 피한다.

◎

말린 음식

말린 생선은 염분이 많으므로 소량만 준다. 지나치게 주면 염분 과다로 다양한 질병을 초래할 수 있다.

○

생선류

단백질이 많은 음식이므로 칼로리를 조정해서 준다. 전갱이 등의 등푸른 생선은 불포화지방산이 많으므로 지나치게 주지 않도록 주의한다.

◎

햄·소시지

육류는 고양이에게 유익하지만 가공된 음식에는 염분이 많이 들어 있다. 줄 때는 소량 주는 것이 바람직하다.

○

날생선·날오징어

대구 등 날생선이나 날오징어에는 체내의 비타민을 분해하는 효소가 들어있다. 비타민 부족으로 인한 질병을 초래하므로 주지 않도록 한다.

✕

> 새우 등의 갑각류나 문어에도 효소가 들어 있으므로 날 것은 피한다.

가다랭이포

고양이가 비교적 좋아하는 식재료 중 하나이다. 마그네슘이 들어 있으므로 영양 밸런스가 깨지지 않도록 주의한다.

○

고양이에게 Good & Bad
음식

영양 밸런스나 중독의 위험을 고려하자

종합 영양식, 혹은 AAFCO의 기준을 통과한 캣 사료를 주면 살아가는데 필요한 영양소는 충분하다. 주식 외의 음식을 주는 경우 영양 밸런스가 깨지지 않도록 종류나 양을 고려하며 주는데, 장기간 계속해서 주면 건강을 해칠 우려가 있다. 사람이 먹는 음식을 나누어 줄 때는 주의가 필요하다. 사람에게는 유익한 음식이지만 고양이가 먹으면 건강을 해칠 수도 있다.

위에서 소개한 ◎나 ○ 표시의 음식을 주는 것이 바람직하다. 「△」 표시의 음식은 먹은 양에 따라 컨디션 난조의 원인이 되고, 「✕」 음식은 중독을 일

우유

우유를 마시면 복부 팽만이나 설사 등을 일으키는 유당불내증(乳糖不耐症)을 앓는 고양이에게는 주지 않는다. 건강한 고양이라도 설사 등 컨디션이 좋지 않을 때는 피한다.

> 옛날에는 쌀밥에 가다랭이포를 뿌린 것이 주식이었다. 단백질을 섭취하지 못하므로 실은 부적합하다.

백미·빵

탄수화물이므로 고양이에게는 별로 필요 없는 영양소이다. 비만의 원인이 되므로 기호식품의 하나로서 소량 준다.

> 중독을 일으키는 채소도 있다. 예를 들어 파 종류는 적혈구를 파괴하므로 매우 위험하다.

초코·코코아

초콜릿이나 코코아에 들어 있는 테오브로민이나 카페인은 중독을 일으키는 원인이 된다. 생명에 지장을 초래할 수 있으니 주지 않는다.

채소류

채소는 소화가 잘 되지 않으므로 잘게 썰어서 소량 준다. 채소는 몸속에 있는 헤어볼을 토해내기 위해 풀 대신 먹는다고 알려져 있다.

차 종류

카페인은 중독을 일으킬 수 있으므로 피한다. 테이블 위에 놓은 차를 마시는 사고도 있으므로 주의한다.

크림류

고양이는 단맛을 느끼는 미각이 발달되어 있지 않지만, 지방분에 반응하여 먹는 경우가 있다. 비만의 원인이 되므로 많이 주지 않도록 한다

조심해!!

으켜 생명에 지장을 초래한다. 또 식사 중에 고양이가 보채면 많은 양을 주게 된다. 주식의 10% 정도 양만 주고, 주식을 줄 때 그 양만큼 칼로리를 빼고 준다. 주식이 아닌 고양이용 간식이나 과자도 마찬가지다. 고양이가 건강하게 장수할 수 있도록 배려해준다.

호기심이 왕성한 고양이는 놀이나 장난을 치다가 엉뚱한 것을 먹는 경우가 있다. 고양이의 손이 미치는 곳에 위험한 것을 두지 않도록 주의한다.

STOP! 고양이 비만

포동포동한 고양이는 귀엽고 사랑스럽지만,
비만은 만병의 근원입니다. 체중관리에 신경 써 주세요.

거세나 불임 수술 후 살이 찌는 고양이가 있다

고양이의 위는 개처럼 크게 늘어나지 않으므로 하루에 여러 번 식사를 해도 살이 찌지 않는다. 건강하다면 딱히 식사제한을 할 필요는 없다. 하지만 거세나 불임 수술을 한 경우는 호르몬 밸런스의 변화로 비만해지기 쉽다. 온전히 실내에서 사육하는 경우는 고양이에게 음식을 줄 기회가 많은 반면, 운동량이 적기 때문에 주의가 필요하다. 비만은 각종 질병의 원인이 되므로 건강을 위해서라도 체중 관리에 신경을 쓴다.

포동포동 귀여운 고양이는 당뇨병 대기군이기도 하다. 건강하기 위해서는 적정체중을 유지해야 한다.

비만은 위험하다!

- 관절이나 근육에 부담을 준다
- 심장이나 호흡기에 부담을 준다
- 일상생활이 힘들어진다

비만해지면 무거운 몸을 지탱해야 하므로 관절이나 심장에 부담이 간다. 결국 움직이는 것이 고통스러워지고 일상생활이 힘들어진다.

살찌지 않게 하려면

1. 저칼로리 고단백 식사

고양이는 식사에 집착이 강하고 완전 육식동물이다. 시판하는 사료는 고양이가 좋아하는 고단백 제품이 대부분이다. 운동량 등에 따라 저칼로리로 조정된 것을 선택한다.

2. 식사 횟수·시간 재조정

고양이는 공복 시간이 길거나 식사 시간이 정해져 있지 않으면 먹을 수 있을 때 많이 먹으려고 한다. 식사는 시간을 정해서 하루 두 번 이상 준다.

3. 적절한 운동

실내에서 키우는 고양이는 운동량도 줄기 마련이다. 비만을 방지하기 위해 「고양이를 장수시키는 운동(P28)」을 참고한다. 놀이를 통해 고양이와의 커뮤니케이션을 즐길 수 있다.

비만해졌다면

고양이의 체중을 줄이기 위해서는 저칼로리의 사료로 바꾸거나 운동량을 늘리는 방법이 효과적이다. 절식 등의 무리한 다이어트는 질병의 원인이 되므로 수의사와 상담하여 장기적으로 계획을 세워 살을 빼도록 한다.

무리는 금물!!

비만 체크

 배

 늑골

뒷다리 안쪽(가랑이)

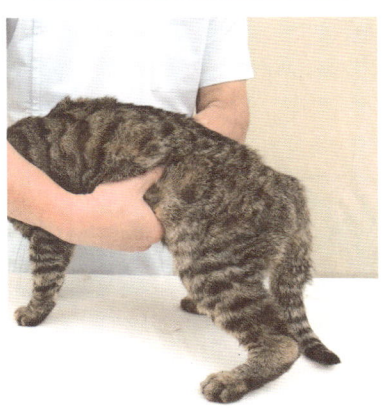
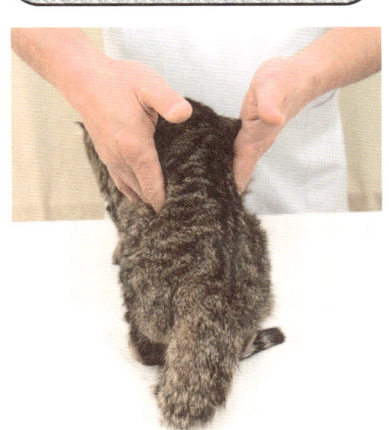
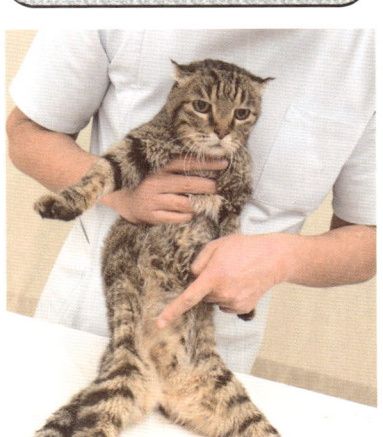

고양이는 배(내장)에 지방이 잘 붙으므로 정기적으로 체크하면 비만의 징후를 빨리 알아차릴 수 있다. 평소에 관찰하거나 만져보면서 확인하자.

옆구리를 만졌을 때 늑골이 살짝 만져지는 정도가 표준 체형이다. 전혀 만져지지 않는 경우는 비만일 가능성이 높다. 장모종의 고양이는 알아차리기 힘들므로 털을 들추고 체크해보자.

뒷다리 안쪽(가랑이)은 피부가 잘 늘어나므로 지방이 붙으면 늘어진다. 뒷다리 안쪽이 포동포동하면 특히 조심하자. 늘어난 피부는 살이 빠져도 되돌아가지 않으므로 신속하게 대처한다.

고양이의 생활에 필요한 것

고양이를 장수시키는 생활환경

안전한 환경을 만들어주자

고양이는 실내에서 키우기를 권한다. 사는 곳이 한정되어 있는 만큼 반려인은 안전하고 쾌적한 환경을 만들어주어야 한다. 먼저 고양이가 안심하고 지낼 수 있는 환경을 만들어주자. 갑자기 큰 소리가 난다거나 담배연기가 자욱한 방에서 오래 있으면 좋지 않다. 또한 고양이가 중독을 일으키는 관엽식물이나 장난의 소지가 있는 물건이 놓인 방도 피하는 것이 바람직하다.

생리적인 욕구에 관계되는 식사 장소, 화장실, 잠자리는 특히 중요하다. 은신처, 발톱 가는 스크래처, 물그릇을 마련하여 고양이가 좋아하는 공간으로 꾸며주고, 높은 곳에 오르는 것을 좋아하므로 캣 타워나 캣 워크로 고저 차도 만들어준다. 안전하고 쾌적한 환경을 만들기 위해서는 반려인의 세심한 배려가 필요하다. P26을 참고하여 필요한 것을 갖추도록 하자.

식사 장소
고양이가 좋아하는 청결한 곳에 둔다

고양이가 안심하고 식사할 수 있는 환경을 만들어 주는 것이 중요하다. 손님이 적은 방이나 고양이가 좋아하는 공간이 좋다. 깨끗한 것을 좋아하므로 밥그릇을 화장실 근처에 두지 말자. 그릇은 도자기나 스테인리스로 된 것이 위생적이고 안전하다.

화장실
넓고 주위를 둘러볼 수 있는 곳

배뇨 시에는 무방비 상태이므로 주위에 위험이 없는지 관찰하고 싶은 욕구가 있다. 화장실은 주위를 둘러볼 수 있는 조용한 곳에 마련해준다. 높은 곳에서 배뇨하는 것을 좋아하는 고양이도 있다. 화장실은 크고 부드러운 고양이 모래를 깔아준다.

잠자리
입구는 좁고 안이 넓은 형태를 좋아한다

잠자리는 고양이에게 매우 중요한 자기만의 공간이다. 편안하게 잘 수 있도록 조용한 곳에 두는 것이 좋다. 좁은 곳을 좋아하므로 잠자리는 사방이 막힌 형태의 것을 선택한다. 특히 입구는 좁고 안이 넓은 타입을 좋아한다.

이런 장소도 필요!!

물 마시는 곳

물을 적게 마시면 비뇨기 질병의 위험이 높아진다. 물을 자주 마실 수 있도록 집 안 곳곳에 둔다. 흐르는 물이나 미지근한 물을 좋아하는 고양이도 있으므로 잘 살펴보자.

발톱 스크래처

고양이는 영역을 표시하거나 낡은 발톱을 갈아내기 위해 발톱 가는 스크래처가 필요하므로 좋아하는 소재의 스크래처를 준비해두면 가구에 흠집을 내는 일도 줄어든다.

은신처

잠자리 외에 은신처도 몇 군데 마련해주면 편히 쉴 수 있는 장소가 늘어나 안심한다. 주인이 넌지시 놓아둔 박스를 마음에 들어 하는 고양이도 있으니 다양하게 활용해보자.

생활환경  알아두어야 할 것

Q 이상적인 화장실 형태를 알려주세요.

A 화장실은 주위를 살필 수 있고 공간이 넉넉한 형태가 적합하다. 이상적인 것은 시멘트를 섞은 플라스틱제 케이스이다. 준비한 화장실을 고양이가 싫어할지도 모르니 테스트 해보는 것도 좋다.

Q 캣 타워는 필요하나요?

A 고양이는 높은 곳에 오르는 것을 좋아한다. 그 이유는 주위를 살필 수 있으므로 안심감이 들기 때문이다. 캣 타워의 고저 차를 이용하면 적당히 운동도 되고 실내 사육이지만 생활에 자극을 줄 수 있는 이점이 있다.

Q 가구에 발톱을 가는데 어떻게 하나요?

A 꾸깃꾸깃한 알루미늄 호일이나 시판하는 발톱 스크래처를 붙이거나 감귤계 냄새가 나는 천을 걸어두면 예방할 수 있다. 발톱 갈기는 꼭 필요한 습관이므로 좋아하는 소재의 스크래처에 페로몬제를 뿌려 유도해보자.

Q 고양이를 여러 마리 키울 때 주의할 사항이 있나요?

A 고양이는 깨끗한 것을 좋아하므로 다른 고양이가 배뇨한 화장실은 싫어한다. 화장실의 수는 키우는 고양이 수보다 한 개 더 준비하는 것이 기본이다. 고양이끼리 궁합이 나쁘면 스트레스를 받을 수 있으니 수의사와 상담해본다.

Q 운동을 위해 산책할 필요가 있나요?

A 고양이는 환경 변화를 좋아하지 않으므로 억지로 산책할 필요는 없다. 산책을 좋아한다면 잘 빠지지 않는 하네스(몸통줄)를 하고 나가는 것도 좋다. 다만 새끼 고양이 때부터 길들이지 않으면 좀처럼 나가기 힘들다.

Q 옷을 입혀도 될까요?

A 그루밍 할 때 옷감을 핥아 먹을 우려가 있다. 장모종은 옷이 쓸려 털 뭉치가 생기는 경우도 있으므로 옷은 입히지 않는 것이 좋다. 다만 수술을 한 경우는 보호를 위해 일시적으로 입혀도 괜찮다.

Q 하지 말아야 할 생활습관은?

A 접촉을 꺼려하는 고양이에게 스킨십을 강요하지 말자. 또 레이더 역할을 하는 수염은 자르지 말고, 밖에 나가는 고양이는 달릴 수 있도록 발톱을 자르지 않는다. 또 인간과 동물이 공통으로 걸리는 감염증 예방을 위해 사람의 입을 핥지 못하도록 하고, 욕조에 넣지 않는 것이 좋다.

단차를 만들어보자

캣 타워의 설치가 어려우면 캣 워크라는 선반으로 단차를 만들어주자. 벽에 몸을 기대면 안정감을 느끼는 아이도 있으므로 벽면에 설치하면 더욱 좋다. 창살이나 가구를 이용해서 선반을 오가도록 해주거나 단차가 있는 가구를 계단처럼 두는 방법도 있다. 집 구조에 맞추어 고안해보자.

고양이를 장수시키는 운동

건강한 몸을 만들기 위해 중요하다

고양이는 도시의 야생동물이라고 불릴 만큼 본능이 강하게 남아 있다. 온전히 실내에서만 키운다고 해도 사냥이나 탐색을 하거나 몸을 움직이고 싶은 욕구가 있다. 이런 욕구가 충족되지 않으면 스트레스가 누적되어 건강에 좋지 않은 영향을 미친다. 또 운동은 튼튼한 골격이나 근육을 만들기 위해 반드시 필요하다. 새끼 고양이 무렵은 활발하게 활동하지만, 성장할수록 목적 없는 움직임을 줄이려고 한다. 야생동물은 사냥이나 탐색할 때를 제외하고는 휴식을 취하는 습성이 있기 때문이다. 고양이 본래의 욕구를 충족시키는 놀이를 접목하여 운동을 시키자.

「고양이를 장수시키는 생활환경」(P24)을 참고로 캣 타워 등을 설치하면 좋다. 생활환경에 고저 차를 주는 것도 운동량을 늘리는데 효과적이다.

고양이의 놀이

장난감

낚시대, 강아지풀, 볼, 라이트 등 다양한 형태의 장난감이 시판되고 있다. 봉제품, 플라스틱제, 모피제 등 소재도 다양하니 내 고양이가 좋아하는 것을 찾아보자.

술래잡기 놀이

반려인이 장난감을 가지고 유도하면서 놀이를 즐겨보자. 궁합이 좋은 고양이를 여러 마리 키운다면 고저 차를 이동하면서 놀이를 할 수 있다.

레슬링 놀이

고양이들끼리 하는 레슬링 놀이로 주인과 하는 놀이와는 다른 만족감을 얻을 수 있다. 흥분하면 트러블이 생길 우려가 있으므로 주의한다.

반려인과 놀이를 통해 커뮤니케이션

반려인과의 놀이는 커뮤니케이션 향상에도 도움이 된다. 놀 때는 시판하는 장난감을 활용하면 되는데, 먼저 고양이의 기호나 성격에 맞추어 찾아보자.

강아지풀 타입이 가장 일반적인데, 다양한 형태나 소재의 장난감이 있으니 새로운 것을 좋아하는 호기심 왕성한 고양이라면 질리지 않도록 종류를 바꿔주는 것도 한 방법이다.

여러 마리의 고양이를 키우는 경우는 궁합이 맞는 고양이끼리 장난을 치며 논다. 그 모습을 바라보는 것도 좋지만 커뮤니케이션을 취하기 위해 놀이 시간을 만드는 것도 중요하다.

활발한 고양이는 기분이 업 되면 크게 점프를 하거나 이리저리 뛰어다니기도 한다. 때로는 생각지 않은 행동을 하는 일도 있으므로 다치지 않도록 주위 환경에 신경 쓰면서 안전하고 즐겁게 놀아보자.

고양이를 만족 시키는 놀이법

고양이가 좋아하는 움직임을 기억하자

새의 움직임

놀고 있는 새처럼 장난감을 공중에 올려 움직인다. 새의 날개짓과 비슷한 소리를 내는 장난감도 있으므로 잘 활용해보자.

쥐의 움직임

재빠르게 달리다 멈추는 쥐의 움직임을 흉내 내어 장난감을 조작한다. 속도에 변화를 주면 고양이는 사냥꾼처럼 집중하며 쫓아올 것이다.

매복 동작

고양이는 사냥감의 움직임을 미리 예측하고 숨어서 기다리는 습성이 있다. 장난감의 움직임을 예측하고 숨어서 기다리는 고양이의 뒤를 쫓듯 예상외의 방향으로 조작해보자.

벌레의 움직임

낙엽 밑에서 바스락바스락 움직이는 벌레나 팔랑팔랑 나는 나비와 같은 움직임도 좋아한다. 장난감을 이불 밑에 숨기고 조작하거나 공중에서 불규칙적으로 움직여보자.

장난감에 싫증내지 않도록 방법을 짜낸다

고양이의 놀이는 사냥이나 탐색 대신이므로 장난감을 단조롭게 움직이면 금세 싫증낸다. 장난감으로 놀 때는 사냥감 같은 활기찬 움직임을 주어 야생동물로서의 본능을 자극하자. 예를 들어 쥐나 새의 동작을 흉내 내보고 고양이가 특히 흥미를 보이는 동작을 잘 찾아내는 것도 좋은 방법이다. 그래도 싫증을 내는 경우는 장난감 관리에 원인이 있을지도 모른다. 장난감을 그냥 던져주고 끝내지 말고 놀이가 끝나면 반드시 정리한다. 장난감은 주인과의 소중한 커뮤니케이션 도구이므로 효과적으로 활용하기 위해 놀이 시간에 「짜잔~」하고 말을 건네면서 등장시켜 기대심리를 부추긴다.
고양이는 단시간 집중형이므로 짧게 자주 놀아주는 것이 좋다. 주인도 그 시간만큼은 놀이에 집중한다. 고양이는 즐겁게 놀아주는 주인을 좋아하게 될 것이다.

운동에 대한 궁금증

Q 놀이를 마칠 때는 주인이 정해도 되는지?
A 놀이는 서로에게 즐거운 시간이어야 한다. 주인과 고양이 중 어느 한쪽이 놀이에 싫증을 낼 수도 있으므로 그만둘 타이밍은 미리 정하지 말고 그때그때 상황에 맞춘다.

Q 운동 싫어하는 고양이 운동시키려면?
A 건강한 고양이는 움직이는 것을 좋아한다. 만약 움직이지 않으려 한다면 몸에 통증이 있을 수 있으므로 수의사와 상담하고 필요에 따라서는 검사를 받는 것이 안전하다. 문제가 없으면, 놀이법을 다시 생각해보자.

Q 놀아달라고 할 때 들어줘도 괜찮은지?
A 고양이의 놀이는 단시간 집중형이므로 급한 일이 없으면 시간을 내서 놀아주면 좋다. 바빠서 힘들 때는 무시하면 결국에는 포기한다. 때로는 놀아달라는 아이의 응석을 받아주어 즐거운 시간을 보내는 것도 중요하다.

스트레스를 해소해주어
고양이의 건강을 지키자

고양이를 장수시키기 위해서는 스트레스를 주지 않도록 배려하는 것이 좋다. 제2장에서 소개한 영양 밸런스가 좋은 식사, 안전하고 쾌적한 공간, 본능을 충족시키는 적당한 운동은 스트레스를 해소시킨다. 상황을 다시 점검하여 마음에 걸리는 부분이 있으면 개선해보자.

「고양이는 집에 집착한다」라는 속담이 있는 것처럼 고양이에게 생활환경은 매우 중요하다. 또 고양이는 변화를 좋아하지 않으므로 이사는 고양이에게는 큰 사건이다. 이사 전후에 고양이의 부담을 줄여주기 위해서 수의사와 상담하면 안심이 된다. 때로는 생각지 못한 일이 스트레스를 주게 된다. 예를 들어 가족이나 손님이 늘었거나, 다른 고양이가 창밖을 자주 오가는 등 작은 일이라도 이러한 변화는 고양이에게 바람직하지 않으므로 각별히 주의하자.

이런 스트레스를 조기에 해결하지 않으면 다양한 징후가 나타난다. 건강 상태가 나빠져 질병에 걸릴 수도 있으므로 이변을 알아차렸다면 바로 수의사와 상담하여 아이의 건강을 지켜주자.

스트레스 징후
동공이 열린다
혈뇨가 나온다
몸을 계속해서 핥는다
신경질적으로 변한다
마킹을 한다
흥분이 진정되지 않는다

작은 일이 고양이에게는 큰 스트레스를 주는 경우가 있다. 해소되지 않으면 다양한 징후가 나타난다. 질병의 위험도 있으므로 이변을 놓치지 않도록 주의한다.

고양이의 스트레스에 대하여

고양이의 이상한 행동

50페이지에는 고양이 언어와 몸짓에 관한 사전이 실려 있다. 여기서는 그 특집에 실리지 않은 '고양이의 이상한 행동'을 조금만 더 알아보자.

고양이가 틈으로 앞발을 넣는 이유는?

고양이를 키우는 분들에게 자주 듣는 이야기가 화장실에 있으면 문아래 틈으로 고양이의 앞발이 쏙 들어온다는 이야기다. 그 외에도 침대 밑에서 나오거나 상자 틈으로 앞발을 내민다는 이야기도 있다. 왜 고양이는 틈으로 앞발을 넣는 걸까. 실은 이것도 야생시절의 습관이 남아서인데, 야생시절 고양이는 작은 새나 작은 동물을 잡기 위해서 나무나 구멍에 앞발을 넣어 사냥감을 찾았다고 한다. 그 본능이 남아서 틈이나 구멍에 앞발을 넣고 싶어 하는 것이다. 참고로 앞발에 걸린 슬리퍼나 매트를 질질 끌고 가는 고양이도 있는데 아마도 사냥감으로 착각하고 있는지도 모른다.

왜 고양이는 가전제품 위에 오르는 걸까?

흔한 예가 고양이가 냉장고나 컴퓨터 위에 올라간다는 이야기다. 컴퓨터 본체가 아니라 키보드에 오르는 아이도 많은 것 같다. 기본적으로 고양이는 따뜻한 곳을 좋아하기 때문에 적당히 온기가 있는 가전제품을 좋아하는지도 모르겠다! 또 냉장고 등 큰 가전제품은 방을 두루 내다볼 수 있는 장소에 있다는 안심감도 있을 것이다. 또 욕실에 들어간 고양이 이야기도 많은데, 아마 욕실이 따뜻하기 때문일 것이다. 특히 변기 뚜껑 위에서 졸고 있는 모습을 보면 꽤 기분이 좋다는 것을 알 수 있다. 흐르는 물이 신기해서 욕실에 들어가는지도 모른다.

왜 턱을 걸치고 있는 걸까?

고양이가 침대 틀이나 소파 팔걸이에 턱을 걸치고 있는 모습을 본 적이 있지 않은가? 이것이 바로 '턱 걸치기'이다. 고양이의 턱에는 냄새를 내뿜는 취선이 있다. 가구나 사람에게 얼굴을 부비는 것과 마찬가지로 턱을 걸쳐 자신의 냄새를 묻혀 영역을 표시하는 것이라고 알려져 있다. 하지만 턱을 걸치고 있는 상태는 쉽게 움직이지 못하는 상태이므로 경계심이 많은 아이가 턱을 걸치고 있다면 경계심을 풀고 있다는 증거다. 턱을 걸친 상태로 자고 있다면 심적으로 아주 편안한 상태이다. 또 고양이는 유연성이 뛰어나 다소 묘한 자세로 잠을 자도 뒤척이거나 하지 않는다.

제3장

손질 테크닉

고양이의 건강을 유지시키기 위해 반드시 필요한 손질법을 순서대로 알아보도록 하고, 또 반려인들의 가장 큰 고민거리인 약(알약·물약·안약) 먹이는 법을 사진으로 알기 쉽게 살펴보기로 하자.

고양이의 바디 손질

싫어하는 경우는 억지로 하지 않는 것이 중요

고양이는 매우 깨끗한 동물이다. 그래서 깨어 있는 시간의 절반을 그루밍 할 정도로 몸을 핥아 단장을 한다. 고양이의 몸은 유연하기 때문에 다양한 포즈로 그루밍이 가능하지만 자신의 힘으로는 도저히 불가능한 부분이 있다. 또 나이가 들수록 스스로 그루밍을 하지 않는 아이도 있고, 애초에 그루밍을 하지 않는 아이도 있으므로 이럴 때는 주인이 손질을 해주는 것이 좋다. 브러싱, 눈이나 귀, 코, 이를 청결하게 손질하고 발톱을 깎는 등…고양이의 몸을 청결하게 유지하는 것은 건강 유지에도 좋다.

손질할 때는 당연히 고양이의 몸을 만지게 되는데, 그때 간혹 이상을 발견하기도 하고 질병을 조기에 발견하는 수도 있다. 그리고 말을 건네면서 부드럽게 손질을 해주는 것은 고양이와의 중요한 스킨십 시간이기도 하다. 어떤 손질이든 억지로 하는 것은 좋지 않다. 몸 만지는 것을 꺼려하는 고양이도 있고, 또 같은 고양이라도 만져도 되는 부분, 만지면 안 되는 부분이 있다. 평소 몸을 만져보고 좋아하는 부위, 싫어하는 부위를 알아두면 도움이 된다. 손질을 꺼려하는 고양이라면 한 번에 손질하려고 하지 말고 매일 조금씩 나누어서 해보자.

손질의 장점

- 몸을 청결히 할 수 있다
- 몸의 이상을 체크할 수 있다
- 커뮤니케이션을 할 수 있다

손질시 주의점

- 만지는 것을 꺼려하는 고양이는 억지로 하지 않는다
- 싫어하는 부분을 억지로 만지지 않는다
- 매일 조금씩 손질한다

몸을 체크하자

어릴 때부터 몸 만지는 것에 익숙해지도록

얼굴
눈과 귀, 입, 코를 체크하고, 턱 주변의 림프가 부어 있는지 만져보고 체크한다.

배
멍울 같은 것이 없는지 손으로 배를 만져 확인해본다.

꼬리
꼬리를 체크할 때 엉덩이 부근이 지저분하지 않은지, 부어 있지는 않은지 확인한다.

등
전체를 천천히 만져본다. 허리뼈 부근에 지방이 붙어 있으면 상당히 비만 상태이다.

다리
무릎 뒤쪽에 림프절이 있으므로 멍울 같은 것이 없는지 손으로 만져 체크한다.

스킨십을 겸해서 구석구석 확인을

평소 손질하기 전이나 쓰다듬을 때 몸을 만져 이상이 없는지 확인하는 습관을 들이자. 부드럽게 쓰다듬으며 멍울 같은 것은 없는지, 피부가 붉어진 곳이 없는지 체크한다. 어릴 때부터 얼굴 주변이나 배, 등, 다리, 꼬리 등 전신을 체크하는 습관이 중요하다. 건강할 때의 상태를 알아두지 않으면 이상이 생겼을 때 알아차리지 못할 가능성이 높다. 평소에는 만져도 괜찮았는데 갑자기 싫어하면 어딘가 아픈 곳이 있을 수도 있으니 병원에 가서 상담해보자.

브러싱 해보자

브러싱에는 많은 장점이

고양이는 본래가 매복하고 있다가 사냥을 하는 동물이다. 그래서 자신의 냄새를 맡고 사냥감이 도망가지 못하도록 그루밍을 해서 몸을 청결히 하는 습성이 있다. 다만 10세가 넘은 시니어 고양이들은 나이가 들수록 그루밍 하는 횟수가 적어지고, 젊은 고양이라도 예를 들어 구내염이 발병하여 입 속이 아플 때는 그루밍을 하지 않는 경우도 있다.

고양이가 그루밍을 하지 않는 것 같으면 브러싱을 해주는 것이 좋다. 브러싱은 혈액순환을 좋게 하고 빠진 털을 제거하여 공기층을 만들어 줌으로써 체온 조절을 돕고 피부병도 예방한다. 장모종은 털 뭉치가 생기기 쉬우므로 되도록 매일 하는 것이 이상적이고, 단모종은 손으로 만졌을 때 뻣뻣하거나 털 뭉치 같은 것이 보이지 않는지 확인한다.

브러싱의 기준
- 빗질이 전혀 안 된다
- 만지면 털이 뻣뻣하다
- 털을 만지니 털 뭉치가 있었다

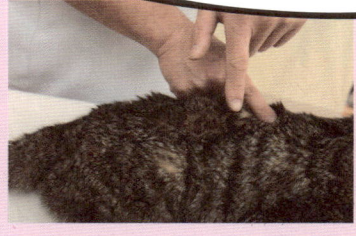
털을 만졌을 때 뭉쳐 있거나 딱딱하게 굳은 털이 있을 때는 브러시로 살살 풀어주자.

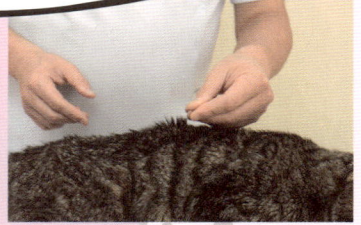
털을 손으로 가볍게 잡아당겨 체크해보자. 쉽게 빠지면 브러싱으로 빠진 털을 제거할 필요가 있다.

장모종과 단모종의 차이
- 장모종은 털 뭉치가 잘 생긴다
- 장모종은 가능하면 매일 브러싱한다
- 단모종은 억지로 하지 않아도 된다

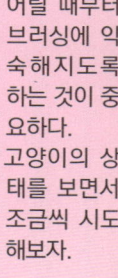
어릴 때부터 브러싱에 익숙해지도록 하는 것이 중요하다. 고양이의 상태를 보면서 조금씩 시도해보자.

장모종의 고양이는 단모종보다 털이 잘 뭉친다. 더 자주 털을 체크하도록 한다.

먼저 털의 결을 따라서 전체적으로 브러싱을 한다. 힘을 빼고 가볍게 대강 브러싱을 하는 느낌으로 빗는다.

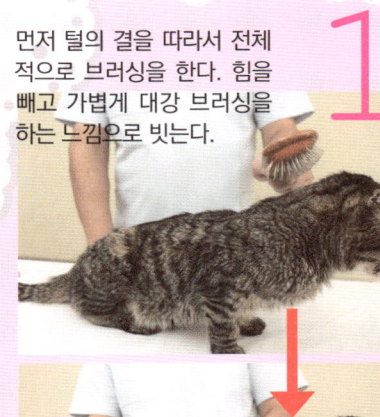

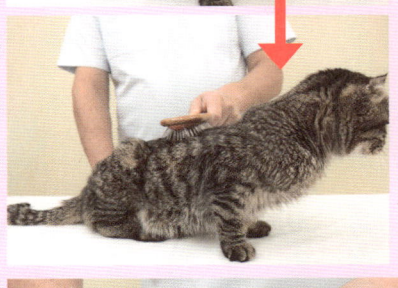

다음은 털을 세우듯이 해서 브러싱을 한다. 고양이가 싫어하면 억지로 하지 않는다. 이때도 힘을 빼고 한다.

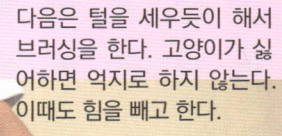

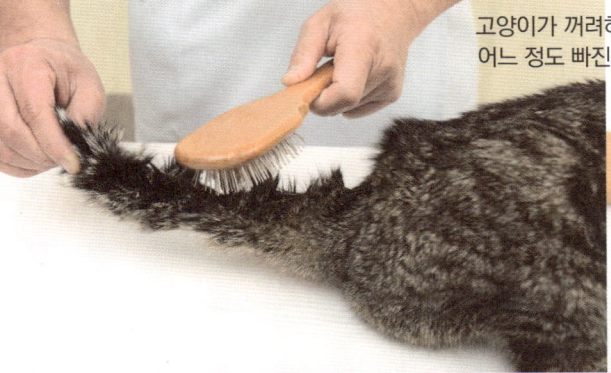

고양이가 꺼려하지 않으면 꼬리도 브러싱을 한다. 이 정도면 어느 정도 빠진 털이 제거된다.

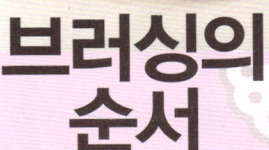

브러싱의 순서

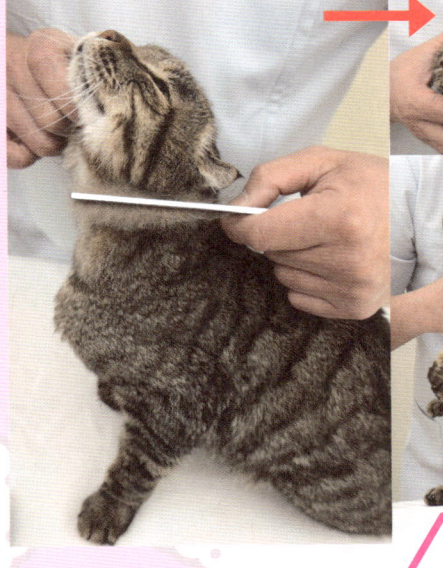

빗을 사용해서 섬세한 부분의 털을 손질한다. 배나 목 주변은 민감한 부분이므로 조심해서 한다. 이때도 힘을 빼고 할 것.

빗 넣는 방법…

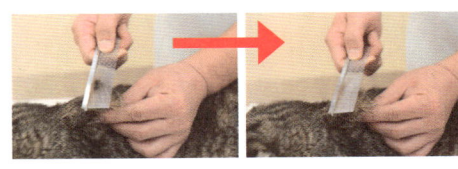

빗은 조금씩 털을 풀면서 넣는다. 걸리면 위로 올려 천천히 빗을 뺀다.

털 뭉치를 발견하면…

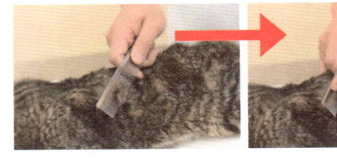

털 뭉치는 빗으로 억지로 잡아당기지 않는다. 빗살로 삐져나온 부분에 사진의 손과 같은 방향으로 세로로 가위로 잘라낸 후 풀어준다.

각 부위를 손질해보자

아프지 않도록 주의하면서

고양이는 눈이나 귀, 코 등의 얼굴 주변도 기본적으로 스스로 그루밍을 한다. 브러싱과 마찬가지로 시니어 고양이나 질병을 앓고 있는 고양이로 그루밍을 하고 있지 않거나 지저분한 것이 마음에 걸린다면 직접 손질을 해주도록 한다.

건조해져 말라붙은 눈곱이나 코딱지 등을 발견했을 때는 손으로 억지로 떼어내지 말자. 눈이나 코를 다치게 할 가능성도 있고, 뗄 때 고양이가 아픔을 느끼면 차후 손질을 싫어하게 될 우려가 있기 때문이다. 또 지나치게 싫어하면 억지로 하지 말고 매일 조금씩 해주도록 한다. 각 부위를 손질할 때는 어딘가 이상한 곳이 없는지 체크하면서 진행하고, 여느 때와 다르다고 생각되면 서둘러 병원에서 진단을 받도록 한다.

눈

눈은 매우 중요한 부위 중 하나다. 손질할 때 고양이가 싫어하지 않으면 눈꺼풀을 살짝 잡아당겨 눈 표면에 상처가 없는지, 눈동자 색이 변하지 않았는지, 눈꺼풀 안쪽 상태 등을 체크해본다

바로 병원으로
눈의 색이 평소와 다르다
눈곱 색이 이상하다
눈을 아파한다

눈 주변은 상처가 나지 않도록 살살 닦아준다.

코튼이나 거즈를 온수에 적셔 부드럽게 코 주변의 불순물을 닦아낸다.

바로 병원으로
콧물이 탁하다
코피가 보인다
재채기, 콧물이 많다

귀

귀가 서 있는 고양이는 귓속 불순물을 볼 수 있지만, 스콧티쉬처럼 귀가 접힌 고양이는 뒤집어보지 않으면 잘 보이지 않으므로 자주 체크하고, 보이는 범위까지만 손질한다.

바로 병원으로
귓밥 냄새가 심하게 난다
귀를 아파한다

코튼을 귀청소용 세정제 또는 온수에 적셔 보이는 부분만 닦아낸다.

코

코와 코 주변이 지저분하면 부드럽게 닦아내자. 건강할 때 나오는 콧물은 투명하고 물처럼 묽다. 색이 탁하거나 끈적이는 경우는 질병이 있을 수 있으니 평소 잘 봐두는 것이 좋다.

이

치구를 그대로 두면 72시간 후에 치석으로 변하고, 치석이 굳으면 각종 구강 내 질병의 원인이 된다. 치구 단계에서 제거하도록 신경 쓴다. 어릴 때부터 이 손질에 익숙해지도록 길들인다.

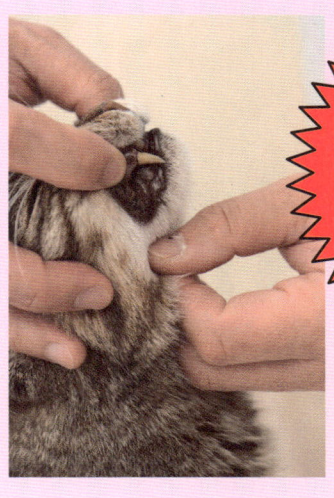

바로 병원으로
치석이 많다
입 냄새가 심하다
이가 흔들거린다

칫솔이나 면봉, 거즈 등으로 고양이의 모습을 살피면서 손질한다.

발

고양이는 스스로 발톱을 가는데 그것만으로는 부족하다. 또 나이가 들면 발톱을 갈지 않는 경우도 있다. 발톱이 어딘가에 걸리면 위험하므로 자라면 잘라준다.

발톱과 평행하게 발톱깎기를 넣고 살짝 당겨 걸리지 않는 부분에서 자른다. 어려우면 동물병원에서 자른다.

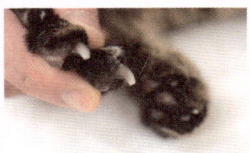

손질 중요하다냥~

약 먹이는 법을 알아보자

**나이가 들면 약을 먹어야 하는 일이 잦아지는데 고양이는 약 먹는 것을 싫어한다.
고양이에게 되도록 부담을 주지 않고 손쉽게 먹일 수 있는 방법을 살펴보자.**

고양이의 성격에 맞는 투약 방법을 찾자

나이가 들수록 질병을 치료하거나 통증을 제거하기 위해 약을 먹이는 일이 잦아진다. 병원의 지시에 따라 약의 투여 횟수·분량을 반드시 지키도록 한다. 컨디션이 좋아졌다고 해서 마음대로 중지하거나 상태가 좋지 않다고 양을 늘리는 것은 좋지 않다. 정확한 양과 횟수를 준수하는 것이 질병 치료를 위해서 중요하다. 또한 스트레스를 주지 않고 손쉽게 먹이려면 방법을 알아야 한다. 어릴 때부터 평소 좋아하는 음식을 손으로 집어 입에 넣어주는 연습을 통해 무언가를 입속에 넣는 것에 익숙하도록 해두면 좋다. 약 냄새를 싫어하거나 식감이 좋지 않으면 완강히 약을 거부하는 고양이도 있다. 약을 잘 먹이는 방법은 다음 페이지를 참고하자. 약을 뱉어내더라도 포기하지 말고 수의사와 상담해본다.

약을 싫어하는 고양이, 몸 만지는 것을 싫어하는 고양이는 넥 카라를 준비해두면 도움이 된다(장착을 싫어하는 고양이도 있으므로 주의한다). 새끼 때부터 스킨십에 익숙하도록 길들이면 나중에 투약할 일이 있을 때 매우 손쉽게 할 수 있다. 또 고양이가 몸부림치다가 발톱이 어딘가에 걸리지 않도록 잘라두는 것도 잊지 말자. 고양이의 성격에 따라서 투약 방법이 다르므로 내 고양이에게 맞는 방법을 찾아보자.

이럴 때 집에서 투약할 수 있으면 편리하다!

- 매일 복용하는 약이 있다
- 자주 병원에 가지 못한다
- 병원을 무서워한다

알약·캡슐 먹이는 법

1 혼자서 먹이는 경우는 미리 한 손에 약을 쥐고, 다른 한 손은 고양이의 머리 위에서 그대로 밑으로 내린다.

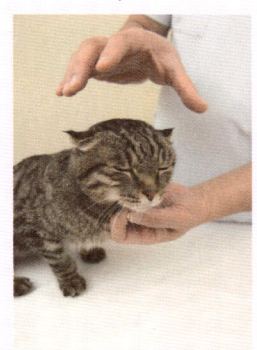

↓

2 사진처럼 머리를 감싸고 엄지와 검지로 고양이의 수염을 감싸듯이 얼굴을 잡는다.

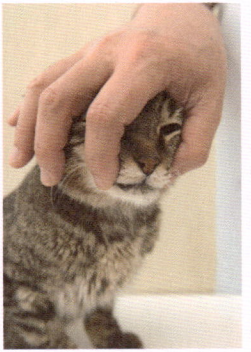

↓

3 물리지 않기 위해 고양이 입술을 안쪽으로 밀어 넣는 느낌으로 엄지와 검지로 누르면서 내린다. 이때 절대로 힘을 넣지 않는다.

↓

4 엄지와 검지로 입술을 누른 상태에서 새끼손가락으로 고양이의 머리 뒤를 지탱한다. 바닥과 평행해지도록 머리를 뒤로 살짝 누른다.

5 새끼손가락으로 지탱하면서 고양이 입을 위로 향하게 한다. 이때 입이 벌어지면 약을 입안 깊숙이 집어넣는다.

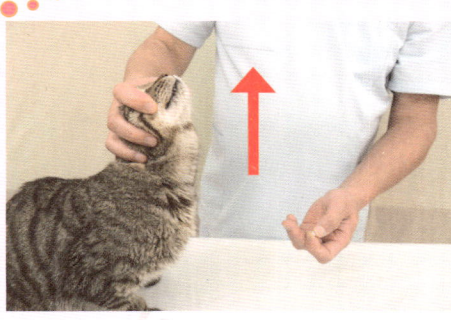

↓

6 입을 벌리지 않을 때는 이와 이 사이에 손가락을 걸치듯이 해서 고양이의 입을 벌린다.

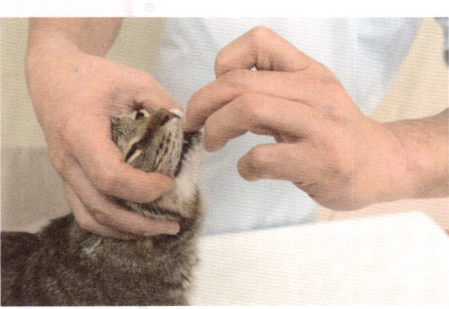

↓

7 힘이 필요할 때는 입을 벌리는 순간뿐이다. 그때를 제외하고는 힘을 넣지 않도록 하자.

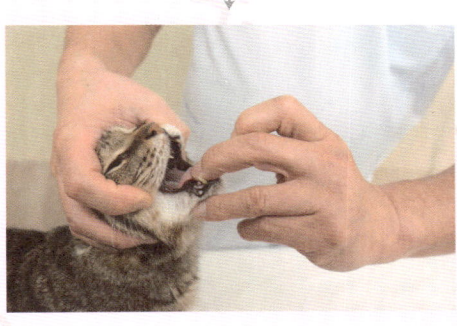

↓

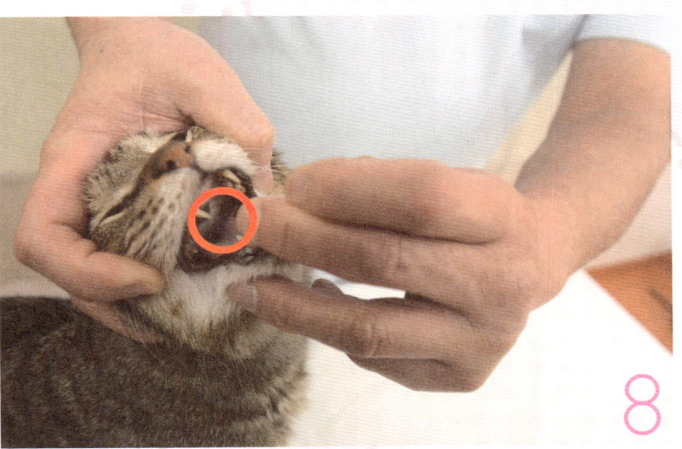

8 입을 벌렸으면 목구멍 가장 안쪽 중앙에 알약을 넣는다. 양쪽 끝에 넣으면 뱉어낼 가능성이 있으므로 반드시 정중앙에 넣는다.

물약 먹이는 법

한손으로 고양이의 머리를 고정한 후, 물약을 넣은 스포이트를 견치 뒤의 틈으로 넣어 혓바닥 위에 떨어뜨린다.

1

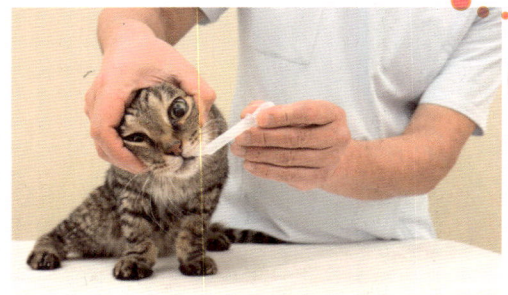

넥 카라를 사용하면 편하다.

얼굴을 고정할 수 있을 정도로 넥 카라를 조이고 기다리도록 한다.

1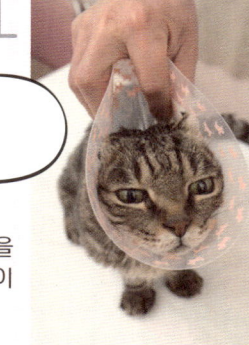

얼굴을 위로 지나치게 올리면 약이 잘못 넘어갈 수 있으므로 얼굴 방향은 평소대로 하고 조금씩 먹인다.

2

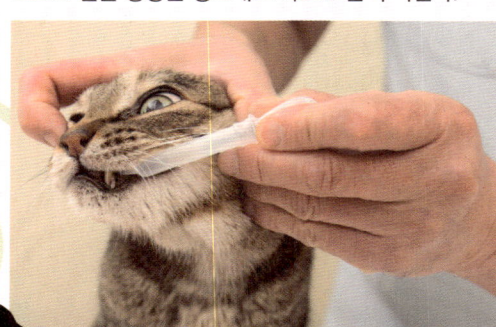

2 이 상태에서 스포이트를 넣어 먹인다.

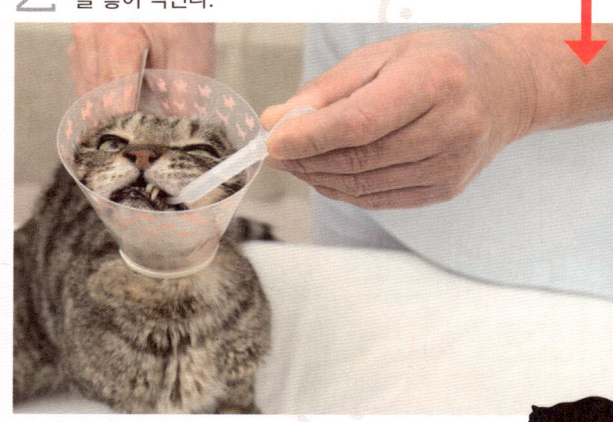

안약 넣는 법

1 안약을 넣을 때도 넥 카라가 있으면 매우 편리하다. 일단 고양이에게 넥 카라를 두른다.

3 넥 카라를 고정한 상태에서 위에서 안약을 떨어뜨린다. 보통 한 방울만 넣으면 된다.

고양이의 얼굴을 고정할 수 있을 정도로 조이고 한 손으로 잡는다.

2

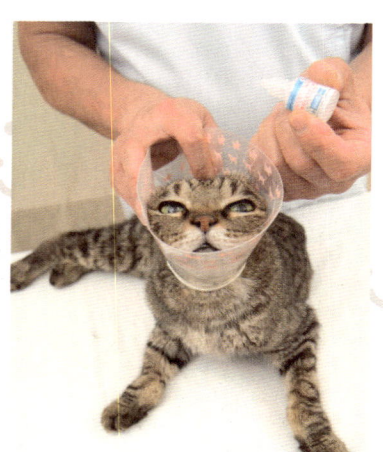

4 다른 쪽 눈에도 같은 방법으로 안약을 넣는다. 사진은 양쪽 눈에 안약을 다 넣고 눈을 깜박깜박하고 있는 상태.

Q 컨디션이 좋아졌는데 약 복용을 멈춰도 되나요?

A 병원에서 처방받은 약은 마지막까지 주는 것이 좋다. 컨디션이 좋아졌다고 해서 마음대로 도중에 복용을 멈추지 않는다. 마음에 걸린다면 병원에 문의해본다.

Q 약을 먹이기 위해서 간식에 섞어줘도 되나요?

A 질병에 따라서는 안 되는 경우도 있으므로 수의사에게 확인한다. 약 맛을 알아차리면 그 이후로 간식을 먹지 않을 수도 있다. 약을 넣을 수 있는 투약용 보조식품 등을 이용하면 좋다.

Q 먹은 약을 뱉어낼 때는?

A 알약을 입안 깊숙이 넣은 후 고양이 목구멍으로 "후" 하고 입김을 불어넣으면 저절로 삼킨다. 알약은 잘게 부셔 물에 녹여 먹일 수도 있다. 계속해서 뱉어내면 수의사와 상담한다.

알아야 할 고양이에게 많은 질병

어떤 질병이든 조기 발견 및 치료가 중요하다

인간도 나이가 들면서 각종 신체 기능이 저하되어 젊었을 때보다 질병에 잘 걸리게 되는데 고양이도 마찬가지다. 고양이의 질병에도 조기에 치료하면 완치가 가능한 것, 완치가 힘들고 평생 함께 가야 하는 병, 그대로 두면 생명이 위험한 질병 등 다양하다. 바이러스 감염이 원인이 되어 발병하는 질병 중에는 백신 접종을 하거나, 감염 고양이와의 접촉을 피하기 위해 실내 사육을 철저히 함으로써 예방할 수 있는 것도 있다. 내 고양이를 질병으로부터 보호하기 위해 미리 어떤 질병들이 있는지 알아두면 병을 조기에 발견하여 치료할 수 있다. 그럼 여기서 고양이에게 많은 질병을 알아보자. 조금이라도 이상하다 싶으면 병원에서 진료를 받도록 해주자.

고양이 감기

증상
- 콧물 ● 재채기나 기침 ● 발열
- 식욕저하 ● 침이 많아진다 ● 구취가 심하다
- 눈곱이 낀다 etc.

고양이 헤르페스 바이러스 감염증, 고양이 칼리시 바이러스 감염증, 클라미디아 감염증 등이 고양이 감기라고 불리는 감염증이다. 고양이들끼리 접촉하거나 재채기 등을 통해 감염되고, 바이러스는 한번 감염되면 없어지지 않고 컨디션이 나쁠 때마다 감기 증상이 나타난다. 고양이 감기는 혼합백신 접종으로 예방할 수 있는 질병이다.

갑상선기능저하증

증상
- 식욕은 좋은데 체중이 준다
- 큰 소리로 자주 운다 ● 눈빛이 불안하다
- 최근 움직임이 활발해졌다, 공격적으로 변했다 etc.

갑상선 호르몬이 과잉 분비되어 다양한 폐해를 일으키는 내분비계 질환이다. 갑상선의 종양이나 과형성 등이 주된 원인인데, 10세 이하의 시니어 고양이에게 흔히 보인다. 언뜻 보면 건강한 것처럼 보여 조기 발견이 어렵다. 치료에는 항갑상선 약의 투여, 식이요법 외 수술을 하는 경우도 있다.

요결석

증상
- 화장실에 오래 있는다
- 자주 화장실에 간다
- 식욕이 떨어진다
- 구토
- 오줌이 탁하다
- 혈뇨 etc.

식사나 음수량의 부족, 유전적인 것 등이 원인이 되어 방광이나 요도에 결석이 생겨 배뇨 장애를 일으키는 질환이다. 결석이 커지면 요도를 막아 오줌이 나오지 않게 되는 등 생명에도 지장이 있다. 큰 결석은 수술로 제거하고 작은 것은 식이요법을 실시한다.

신장 장애

증상
- 물을 많이 마시고 오줌의 양이 늘어난다
- 자주 토한다
- 식욕저하
- 빈혈
- 체중이 준다
- 설사 혹은 변비 etc

노화나 다른 질병이 원인이 되어 신장 기능이 저하되는 병이다. 급성과 만성이 있는데, 고령 고양이에게 많은 것은 만성 신부전이다. 만성 신부전은 한번 발병하면 평생 낫지 않는 병이다. 치료에는 병 진행을 억제하여 증상을 완화시키는 식이요법과 주사, 투약 등이 있다.

간 장애

증상
- 기운이 없다
- 식욕저하
- 체중 감소
- 구토
- 설사
- 발열
- 피부가 누렇다 etc.

간장은 '침묵의 장기'라고 불리는 곳인 만큼 상태가 심각해질 때까지 거의 증상이 없다. 간 기능 저하를 일으키는 원인도 다양하다. 유사한 증상을 보이는 질병도 있으므로 혈액검사, 초음파검사, 조직검사 등을 통해 알아본다. 치료도 원인에 맞추어 달리 한다.

당뇨병

증상
- 물을 많이 마신다
- 오줌의 양이 늘어난다
- 비만이었는데 갑자기 살이 많이 빠졌다
- 걸음걸이가 이상하다
- 흐리멍덩하다
- 눈이 하얗다 etc.

췌장에서 분비되는 인슐린의 분비에 이상이 생겨 혈당치가 높아지는 질병이다. 원인은 유전적인 것과 다른 질병의 영향, 비만 등이 있고, 그대로 두면 합병증 등을 일으켜 생명이 위험하다. 완치되는 경우도 있지만 대부분은 식이요법과 평생 인슐린을 투약해야 한다.

고양이 백혈병 고양이 에이즈

증상
- 식욕저하 ● 체중 감소
- 발열 ● 림프절이 부어 있다
- 빈혈 ● 자주 컨디션이 나빠진다 etc.

다른 개에게 물리거나 그릇을 같이 사용함으로써 침을 매개로 바이러스에 감염되는 질병이다. 양쪽 모두 면역력을 저하시켜 자주 컨디션이 나빠진다. 발병하면 완치되지 않으므로 고양이를 여러 마리 사육하는 경우는 미리 검사를 받도록 한다. 인간에게 옮지 않으며 바이러스성 백혈병은 백신 접종으로 예방할 수 있다.

심근증

증상
- 갑자기 뒷다리가 움직이지 않는다
- 호흡이 빠르다 ● 움직임이 둔해진다
- 점프를 하지 않는다 ● 입을 벌리고 숨을 쉰다 etc.

유전, 영양, 스트레스 등이 원인이 되어 발병하는 심장병이다. 연령에 상관없이 발병하며 불임수술 시의 검사로 발견되는 경우도 있다. 확정 진단은 심전도 검사로 한다. 조기발견 및 치료가 중요한 질병이므로 발병하기 쉬운 종은 정기적으로 엑스레이 검사를 받는 것이 좋다.

림프종

증상
- 체중 감소 ● 식욕저하
- 기운이 없다 ● 구토 ● 설사 ● 빈혈
- 숨이 거칠다 ● 경련을 일으킨다 etc.

백혈구의 일종으로 면역을 담당하는 림프구가 종양화 되는 질병이다. 고양이의 암 중에서도 가장 많다고 알려져 있다. 고양이 백혈병 바이러스의 감염도 림프종을 일으키는 원인 중 하나이다. 질병의 진행 정도에 따라 항암제를 사용한 화학요법과 대증요법(증상만 치료)을 실시한다.

치주병/구내염

증상
- 식욕저하 ● 입냄새가 심하다
- 침을 흘린다 ● 체중 감소
- 입을 오므린다 ● 비명을 지른다 etc.

구각, 구내염은 고양이 에이즈, 칼리시 바이러스 등이 원인이 되어 발병한다. 또 먹이를 입으로 찢어 먹던 고양이가 가축화 되면서 치석이 쌓이게 되고, 나아가 치주병으로 발전해 구내염을 더욱 악화시킨다. 치주병에 의한 치통이나 구내염에 의한 통증은 고양이에게는 엄청난 고통으로 식사를 전혀 못하게 된다.

질병 신호

- 오줌이나 대변 횟수, 양, 색에 변화가 생긴다
- 고령인데도 이상할 정도로 건강하다
- 눈 색이나 눈빛, 털의 윤기가 변한다
- 식욕이 떨어지거나 증가한다
- 마시는 물의 양이 급격하게 증가한다
- 잘 때가 많고 체중이 준다
- 걸음걸이가 이상하다, 점프를 하지 않는다
- 귀나 입에서 냄새가 난다

🐾 빨리 알아차리는 게 중요 '조금 이상한데…'

7세가 넘으면 건강진단도 신경 쓰자

사람은 '요즘 컨디션이 좀 안 좋은데!' 라고 생각되면 병원에 가서 진찰을 받을 수 있다. 하지만 고양이를 비롯한 동물들은 몸이 아파도 가까이 있는 주인이 알아차리지 못하면 병원에 갈 수가 없다. 고양이 역시 매우 잘 참는 동물이어서 통증이 있어도 알아차리지 못하는 경우가 대부분이다.
평소의 모습을 잘 관찰해두고 여느 때와 다르다고 생각되면 서둘러 병원에 데리고 간다. 또 7세가 넘으면 정기적으로 건강진단을 받도록 하자.

고양이에게 필요한 예방 접종

접종 타이밍

새끼는 어미 고양이의 초유를 통해 면역력을 높이는 항체를 제공받지만, 생후 2~4개월이 지나면 항체가 없어지므로 그 무렵에 수 회 백신 접종을 한다. 이후는 1년에 한 번 정기적인 접종이 필요하며, 백신의 효과는 접종 후 약 2주일이 지나야 나타나기 때문에 그 사이에는 감염의 우려가 있는 장소나 다른 고양이와의 접촉은 피하는 것이 좋다. 나이 든 고양이는 체력이 저하되어 있으므로 수의사와 자주 상담하자.

백신의 종류

현재 고양이 감염증의 백신에는 6종류가 있다. 각각 단독으로 접종할 수 있지만 고양이 칼리시바이러스는 여러 종류가 있고, 그 조합에 따라서 3·4·5·7종 혼합 백신이 있다.
또 백신에는 독성을 약화시킨 '생백신'과 화학처리에 의해 죽은 바이러스를 사용하는 '사백신'이 있다. 어떤 종류를 선택하는가는 수의사와 상담해서 결정한다.

백신 접종으로 예방할 수 있는 질병

백신은 감염증의 면역을 미리 몸속에 만들어 감염증을 예방하고, 증상을 경감하게 한다. 감염되면 치료법이 없어 생명이 위험한 질병도 있으므로 백신 접종은 매우 중요하다.
★고양이용 백신으로 예방할 수 있는 질병/고양이 면역 부전 바이러스 감염증(고양이 에이즈), 고양이 범백혈구감소증(FPL), 고양이 백혈병 바이러스 감염증(FELV), 고양이 클라미디아 감염증, 고양이 전염성 코기관염(FVR), 고양이 칼리시 바이러스 감염증(FCV)

동물병원을 고르기 위한 조언

**병원의 입지
병원의 분위기
병원의 청결함
스태프의 대응
수의사와의 궁합**

고양이가 조금이라도 장수할 수 있도록 하려면 신뢰할 수 있는 병원을 골라야 한다. 질병에 걸린 후 허둥지둥 찾지 말고 건강할 때 믿음이 가는 병원을 잘 알아두자.
괜찮은 병원을 발견했으면 먼저 전화로 대변 검사를 받을 수 있는지 물어본 후, 고양이의 변을 가지고 방문해본다. 그때 병원의 분위기를 살펴보고, 수의사의 대응이 적절했는지 등을 보고 판단하는 것도 한 방법이다. 또 애완동물을 기르고 있는 이웃이 있으면 그들의 평판을 들어보는 것도 좋다.

고양이의 언어·몸짓 사전

고양이의 울음소리나 몸짓에는 고양이의 마음이 담겨 있다.
주된 울음소리와 그때의 기분, 또 고양이의 이상한 몸짓에 관해서 알아보고
당신의 고양이와 비교해보자.
다만 개체별로 차이가 있으므로 모든 고양이에게 해당하는 것은 아니다.

고양이 언어 편

다양한 울음소리 뒤에 숨겨진 고양이의 기분을 알아보자!

고양이의 기분

● 놀아줘요~
● 여기 좀 봐 주세요~

미야~옹

[소리의 특징] 중~고음 / 연속해서 운다
[어떤 때] 상대방을 부를 때

야옹 야옹

[소리의 특징] 중~고음 / 연속해서 운다
[어떤 때] 상대방에게 애교 부릴 때

상대방을 보고 '야옹' 하고 우는 소리로, 소리는 그리 크지 않고 시선은 대상을 보고 있는 경우가 많다. 애교부리고 싶은 마음을 표현하는 소리로 '좀 놀아 주세요' 하고 어필하는 소리다. 애교장이 타입의 고양이가 자주 보이는 모습이며, '미야옹~' 이나 '니야오~옹' 처럼 강한 주장은 아니지만 간혹 강하게 울며 자신의 요구를 관철시키려는 고양이도 있다. 상황을 잘 살펴보자.

시선은 대상을 향하고 입을 크게 벌리고 '미야~옹' 하고 운다. 이 소리는 상대방을 부르는 소리로 상황에 따라 다르지만 요구를 나타내는 경우도 있다. 식사 시간에 밥그릇 앞에서 울면 '배가 고파요~' 하는 것이고, 주인을 보고 울면 '놀아줘요~' 하는 것이다. 이 '미야~옹' 이라는 소리는 새끼 고양이가 어미 고양이에게 무언가를 호소할 때 내는 소리와 같다. 주인을 엄마처럼 의지하고 있는지도 모른다. 하지만 항상 고양이의 요구를 들어주면 점점 버릇이 없어지므로 때로는 무시하여 요구가 이루어지지 않을 때도 있다는 것을 알게 해준다.

고양이의 기분

● 이리 좀 와 봐요~
● 빨리 밥 주세요~

냥?

[소리의 특징] 중음 / 한 번 짧게 운다
[어떤 때] 상대방에게 인사할 때, 부를 때

짧게 '냥?' 하고 한 번 우는 것은 상대방을 부르거나 물음에 답하는 소리다. 예를 들어 주인이 자신의 이름을 불렀을 때, 또는 집안일을 하고 있는 가족을 신기하듯이 보고 있을 때 내는 소리다. '미야~옹' 과는 달리 요구나 부탁하는 마음은 적다.
또 상대 고양이에게 '냥~' 하는 소리를 내면 서로 인사하는 것이다. 개와 달리 무리지어 다니지는 않지만 함께 있는 상대와 좋은 관계를 유지하기 위해서 이런 커뮤니케이션이 발달된 것이 아닐까 생각된다. 때로는 별 일이 없는데도 고양이가 '냥?' 하는 소리를 낼 때가 있다. 그때는 무언가 이상한 것을 보고 궁금해서 고개를 갸웃거리는 것일 수도 있다.

놀아줘요~

고양이의 기분

● 뭐하는 거예요?
● 안녕
● 어, 뭐지?

마~오

[소리의 특징] 중~고음 / 큰 소리로 연속적으로
[어떤 때] 상대방을 찾고 있을 때

집 어딘가에서 '마~오 마~오' 하고 크게 울 때가 있는데, 그때는 주인을 찾고 있는 것이다. 큰 소리로 자신의 위치를 알리면서 '어디에 있어요?' 하고 부르는 것이다. 고양이는 본래 주위(적)로부터 가능하면 몸을 숨기려 하는 동물로 아주 친하지 않은 상대에게 자신이 있는 곳을 알리고 싶어 하지 않는다.
또 '마~오' 하고 울면 무언가 강하게 하소연하고 있는 것이다. '미야옹~' 보다 강하게 '여기 좀 봐줘요' 하고 호소하는 것이다. 사냥감을 잡아 의기양양할 때나 자랑삼아 보여 주고 싶을 때에도 이 소리를 낸다.

고양이의 기분

- 어디에 있어요~!?
- 이거 좀 봐요! 굉장하죠!

니야오~옹

[소리의 특징] 저~중음 / 연속해서 운다
[어떤 때] 강한 욕구가 있을 때

약간 분명하지 않은 소리로 '니야오~옹' 하고 울 때는 '미야~옹' 이나 '야~옹' 보다 강한 요구를 나타낸다. 예를 들어 바쁜 주인 앞에서 가지고 있던 장난감을 바닥에 내려놓고 울거나, 발밑에서 빙빙 돌면서 주인을 올려다보면서 자기가 원하는 것을 들어달라고 필사적으로 매달리는 것처럼 보인다. 만약 주인의 얼굴을 올려다보며 '니야오~옹' 하는 소리를 내면 자신의 요구를 받아주지 않아서 약간은 불만을 가지고 있는지도 모른다. 또 고양이들이 서로 자신의 힘을 과시할 때도 이 소리를 낸다. 싸움이나 언쟁 시에 자신의 존재를 과시하고 싶을 때 강한 타입의 고양이가 이렇게 운다. 이럴 때는 요구할 때 내는 소리보다 낮고 위협적인 톤으로 운다.

고양이의 기분

- 이리로 와요!
- 내가 더 강해!!

미야~오

[소리의 특징] 낮게 / 으르렁 거리듯 길게 운다
[어떤 때] 상대방을 견제하거나 위협할 때

서로 마음이 맞지 않으면 사소한 싸움이 일어나기 마련이다. 그때 자주 들리는 소리가 '미야~오' 하는 소리다. 울음소리라기보다 으르렁거리는 소리에 더 가깝다. 낮고 묵직하게 '미야~오' 하고 울면 상대방을 위협하거나 견제하고 있는 것이다. 싸우기 전에 기선을 제압하기 위해 '내가 더 강해!' '상대해주지!' 하고 서로 으르렁대는 일도 있다. 함께 있는 고양이들이 서로 이런 소리로 울면 바로 떼어놓는 것이 좋다. 반대로 '미야~오' 하고 놀이 상대를 유인하는 경우도 있다. 싸움이나 위협을 나타내는 소리인지 아니면 놀이를 위한 소리인지는 전체적인 고양이의 모습을 보고 판단하자. 귀가 납작해지고 눈이 삼각형 모양이면 위협이나 견제를 나타내는 것이다.

고양이의 기분

- 싸우자면 상대해주지!
- 저기 같이 놀자!?

먀아~

[소리의 특징] 높은 주파수의 무음
[어떤 때] 어미 고양이를 찾을 때

생후 2~3개월 정도의 새끼 고양이가 입을 벌리고 우는 시늉을 하는데 소리는 들리지 않는 그런 장면을 본 적 있는가? 고양이의 귀는 매우 발달되어 있어 인간이 듣지 못하는 주파수 음도 알아듣는다. 인간이 들을 수 있는 소리는 2만 Hz까지인데 고양이는 6만 Hz까지 듣는다고 한다. 고양이의 먹이인 쥐는 고음의 소리를 내므로 그 소리를 듣기 위해 청력이 발달되었다고 한다.
새끼 고양이의 이 소리 없는 울음은 그런 고양이의 청력을 이용한 것으로 스스로 위험을 감지했을 때 몰래 어미 고양이에게 알리기 위해서라고 한다. 주인을 보고 '먀아~' 하고 울 때는 어미에게 응석부리듯이 당신에게 응석부리고 싶은 마음일 것이다.

고양이의 기분

- 엄마, 도와줘~!
- 응석부리고 싶어

미오오옹

[소리의 특징] 고음 / 작게 연속적으로 울다
[어떤 때] 친한 사람에게 응석부리고 싶을 때

당신이 외출에서 돌아왔을 때 높고 작은 소리로 '미오오옹' 하고 울면서 다가와 몸을 부빌 때가 있지 않은가? 작게 '미오오옹' 하고 울면 '심심했어요~, 놀아줘요~' 하고 은밀하게 어필하는 것이다. 주인이 돌아와서 기쁘다는 마음도 함께 표현하고 있는 것이다. 얌전한 성격의 고양이가 응석부리고 싶을 때 내는 소리다. 사람을 잘 따르는 고양이는 첫 대면하는 사람에게도 이런 소리를 내는 경우가 있는데, 그때는 응석에 대응해주기 위해 천천히 쓰다듬어 주세요.

고양이의 기분

- 다녀오셨어요~
- 쓰다듬어 주세요~

쉿

[소리의 높이] 저~중음 / 짧게 콧소리를 낸다
[어떤 때] 사냥감을 발견했을 때

고양이가 사냥감을 발견하고 사물 뒤에 숨어 기회를 보고 있다가 확 달려들 때 저절로 코에서 울리는 소리가 '쉿' 하는 소리다. 마치 스포츠 선수가 온 힘을 집중시켜 무언가를 던지거나 할 때 내는 소리와 비슷하다. 고양이에 따라서는 '칫' '헷' 같은 소리를 내는 경우도 있다. 무언가를 잡으려는 행위, 즉 사냥은 고양이의 본능이다. 때로는 고양이가 '쉿' 소리를 내도록 본능을 충족시켜줄 수 있는 놀이를 해주면 좋다.

고양이의 기분

- 간다~!
- 야!

홋

[소리의 특징] 고음 / 강하게 숨을 토해낸 소리
[어떤 때] 싫어하는 일을 당했을 때

상대방에게 경계의 눈빛을 보내면서 날카롭게 숨을 '홋' 하고 토해낼 때는 '이쪽으로 오지 마!' 하고 호소하는 것이다. 적의를 나타내기보다는 자기가 못하는 것, 싫어하는 것을 한 주인에게 '이제 그만해요~' 하고 항의하는 울음소리다. 강하게 숨을 토해내며 상대를 가볍게 위협하여 가까이 오지 못하도록 하는 것이다. 신경질적인 고양이에게 그가 싫어하는 행동을 계속하면 돈독했던 둘의 관계가 무너지는 경우도 있다. '홋' 하는 소리를 통해 무엇을 싫어하는지 잘 파악해야 한다.

또 '홋' 하는 소리는 마음이 맞지 않는 다른 고양이를 살짝 위협하는 소리이기도 하다. '싫으니까 저리 가!' 하는 신호다.

고양이의 기분

- 이쪽으로 오지 마!
- 싫다고 했잖아!

샤-악

[소리의 특징] 고음 / 날카롭게 숨을 토해낸 소리
[어떤 때] 화가 났을 때

날카로운 눈으로 상대방을 보면서 이를 드러내고 '샤-악' 하는 소리를 낸다. 울음소리라기보다 날카롭게 숨을 토해낸 경고음이다. 고양이가 이런 소리를 낼 때는 상당히 화가 나 있는 상태이거나, 상대방을 적이라고 간주하고 최대한 경계심을 드러내는 것이다. '더 이상 다가오지 마!' 하고 상대에게 경고하는 소리이므로 피하지 않으면 공격 행동에 나설 수도 있다. 고양이는 똑똑한 동물이므로 영역 싸움을 제외하고는 수컷끼리는 되도록 싸움을 피하려고 한다. 그래서 '샤-악' 소리를 내 적이 도망치게 해 트러블을 피하려는 것이다. 주인을 상대로 자주 '샤-악' 소리를 낸다면 당신에게 적의를 품고 있는 것일 수도 있으니 수의사나 전문가와 상담하여 문제를 해결하자.

고양이의 기분
- 더 이상 다가오지 마!
- 오면 공격한다!

갸~

[소리의 특징] 고음 / 비명과 같은 울음소리
[어떤 때] 놀랐을 때

고양이도 놀랐을 때나 공포를 느꼈을 때 비명을 지르는 경우가 있다. 그것이 '갸~' 하는 소리다. 싸움에서 상대방에게 물렸을 때, 가구에서 떨어졌을 때 등 갑자기 아프거나 놀랐을 때도 이런 소리를 낸다. 또 자묘기에서 성묘기에 걸쳐 고양이들이 서로 물고 뒹굴며 장난치는 경우에도 볼 수 있는데, 장난치다가 기분이 고조되었을 때도 이런 소리를 낸다. 마치 '우와~' '잘 했어~' 라고 말하면서 노는 아이들과 같다. 서로 장난을 치다가 싸움으로 발전하지 않도록 주의 깊게 잘 살핀다.

고양이의 기분
- 무서워!
- 해치웠어~!

골골골

[소리의 특징] 저~중음 / 목젖을 울리는 소리
[어떤 때] 편안할 때

고양이 특유의 울음소리는 목젖을 울리며 내는 '골골골' 하는 소리다. 일명 '골골송' 이라고도 한다. 고양이를 쓰다듬을 때, 그루밍을 마친 후 쉴 때 '골골골' 하는 소리가 들려오면 '편히 쉬고 있구나' 라고 생각하면 된다. '골골골' 소리는 행복, 만족 등의 기분을 표현하는 소리다. 그와 반대로 불안할 때 목젖을 울리는 경우도 있다. 목젖을 울리며 자신을 진정시키려는 것이다. 또 불만이나 항의의 의미로 목젖을 울리는 고양이도 있다. 울음소리는 '골골골' 뿐 아니라, 고양이에 따라 '구르구르' '갸르릉' 등 다양하다. 큰 소리로 울 때는 강하게 호소하는 것이고, 작은 소리로 울 때는 약하게 호소하고 있다고 생각하면 된다. 주인 곁에서 크게 울 때는 무언가 요구가 있거나 조르고 있는지도 모른다.

고양이의 기분
- 와~ 만족해
- 진정하자고!
- 자자, 여기 봐~

캬캬캬

[소리의 특징] 저~중음 / 연속해서 낸다
[어떤 때] 사냥감을 겨냥하고 있을 때

고양이가 창문 밖이나 정원에 있는 새나 벌레를 보고 이를 탁탁 부딪치면서 '캬캬캬' 하는 소리를 내는 것을 본 적이 있는가? 이 소리는 포식동물이 사냥의 본능이 자극을 받아 내는 소리다. 본능적으로 사냥을 하고 싶은데 거리감이 있다거나 밖에 나갈 수 없는 상황에서 조바심이 날 때 이런 소리를 내는 고양이가 많다. 아니면 사냥감을 잡았을 때의 모습을 상상하고 있는지도 모른다.

놀이에 몰두하고 있을 때 '캬캬캬' 하고 우는 고양이가 있는데 그것은 장난감을 사냥감으로 보고 본능을 충족시키고 있기 때문이다.

고양이의 기분
● 저 녀석 물어주고 싶은데!
● 못 잡아서 분하다~

아옹-

[소리의 특징] 저~중음 / 한번 날카롭게 운다
[어떤 때] 참지 못할 때

고양이를 쓰다듬고 있는데 갑자기 '아옹-' 하며 달아났다거나, 자고 있는 고양이에게 손가락을 내밀었더니 물고 도망갔던 경험을 하신 적 있나요? 이 '아옹-' 하는 소리는 '장난 좀 그만 하세요!' 하고 상대의 행동을 제지하는 의미가 있다.
'훗' 이나 '샤-악' 정도의 위협은 아니지만 장난친 것에 화가 나 있음을 표현하는 소리다. 특히 자기가 무언가 기대하고 있던 것을 방해했을 때 이런 소리를 많이 낸다. 고양이가 사랑스러워 콕콕 건드리고 싶은 마음은 알겠지만 고양이를 귀찮게 하지 마세요.

고양이의 기분
● 귀찮아요!
● 방해하지 마!

고양이 몸짓 편
재미있는 몸짓에 숨겨진 고양이의 진심을 알아보자!

고양이 몸짓
그루밍
자기의 마음을 진정시키기 위해

고양이는 깨어있는 시간의 30~50%를 그루밍(털 고르기)에 할애할 정도로 그루밍을 아주 좋아한다. 그만큼 고양이는 깨끗한 것을 좋아하는데, 개처럼 브러싱을 해주지 않아도 되는 이유도 바로 그루밍을 좋아하는 성격 때문이다. 그루밍은 몸을 청결히 하는데도 필요하지만, 그루밍을 하면서 마음을 진정시키는 의미도 있다. 조바심 나는 일이 있다거나 주인에게 혼났을 때 자신의 몸을 핥으면서 마음을 진정시키는 것이다. 또 배가 부를 때나 졸릴 때도 그루밍을 한다. 그 상태로 기분이 좋아져 잠이 드는 고양이도 많다.

고양이의 몸은 유연하기 때문에 어떤 자세로든 그루밍이 가능하다. 때로는 묘한 포즈로 그루밍을 할 때도 있다.

고양이의 마음
- 기분전환이다 냥~
- ㅎㅎ 만족, 만족

고양이 몸짓
손 냄새를 맡는다
고양이의 코와 비슷하므로 인사 대신

고양이 얼굴에 손을 내밀면 목을 쭉 빼고 킁킁 냄새를 맡는 시늉을 한다. 이 행동은 상대방이 누군지 냄새로 확인하고 있는 것이다. 손 냄새를 맡아 주인임을 인지하면 손에 얼굴을 부비며 응석을 부리는 아이도 있다. 또 다른 사람이 내민 손을 맡는 것은 손이 고양이의 코끝 부분과 비슷하기 때문이기도 하다. 고양이는 서로 코를 맞대고 냄새를 맡으며 인사를 하기 때문에 비슷한 형태의 손끝을 보면 냄새를 맡는 것이다. 갑자기 움직이면 고양이가 놀라므로 천천히 냄새를 맡도록 해준다.

고양이의 마음
- 당신 누구죠?
- 엄마 맞아요?

냄새를 맡을 때는 흥미를 가지고 있다는 증거이다. 천천히 냄새를 맡도록 해주어 고양이의 인사법을 존중해주자.

고양이 몸짓
모포를 만지작거린다
새끼 고양이가 어미젖 만지는 행동에서 유래

침대나 모포를 앞발로 만지작거리는 고양이가 있다. 그 모습이 너무도 사랑스럽다. 이 행동은 새끼 고양이가 어미의 젖을 만지는 행동에서 나온 것이다. 갓 태어난 새끼 고양이도 본능적으로 젖을 만지면 나온다는 것을 알고 있다. 그때의 기억이 남아 있어서 모포나 침대를 만지작거리는 것이다. 따뜻하고 보드라운 침대나 모포를 만지작거리면서 어미에게 안겼던 때를 추억하고 있는지도 모른다. 때로는 주인의 배나 다리를 만지작거리는 아이도 있는데, 편안한 상태임을 알 수 있다.

고양이의 마음
- 따뜻해서 기분이 좋아

대부분 고양이는 모포, 침대, 소파 등 부드러운 것을 만지는 것을 좋아한다.

고양이 몸짓
발톱을 간다
낡은 발톱을 벗겨낼 필요가 있다

고양이는 낡은 발톱을 벗겨내기 위해 자주 발톱을 간다. 낡은 발톱 밑에 새 발톱이 자라나므로 정기적으로 갈아줄 필요가 있다. 또 발톱 주위에는 냄새를 풍기는 취선이 있으므로 자신의 영역을 표시하기 위해 발톱을 갈아 냄새를 묻히기도 한다. 잠에서 막 깼을 때나 웅크리고 있다 일어날 때 발톱을 가는 고양이도 많은데, 자는 동안 굳어진 몸을 풀거나 느슨해진 기분을 다잡는 것이 주된 목적이다. 힘이 별로 들어가 있지 않은 것이 특징으로 발톱을 갈면서 기지개를 켜는 경우도 있다.

고양이의 마음
- 냄새 묻혀 놔야지~
- 기분전환♪

발톱 갈기는 고양이의 중요한 의식 중 하나이다. 마음에 드는 발톱 스크래처를 준비해주면 가구 피해를 줄일 수 있다.

고양이 몸짓
음식을 남긴다
그때그때 필요한 양만큼만 먹으면 된다

음식을 적량 주었는데도 꼭 남기는 고양이가 있다. '입에 맞지 않아서 그런가?' 하고 주인은 걱정하지만, 고양이의 습성을 생각해보면 먹다 남기는 것은 별 문제가 되지 않는다. 필요한 때에 필요한 양만큼만 먹으면 되므로 남겼을 때는 '배가 부르구나' 하고 생각하자. 배가 고프면 다시 먹으러 온다! 고양이는 기본적으로 하루에 5~6회 식사를 한다. 비만의 위험성이 없다면 24시간 그릇에 담아 놓아도 상관없다. 다만 위생적인 면은 신경 쓰자.

고양이의 마음
- 이제 배불러요!

고양이는 본래 먹을 수 있는 만큼만 먹는다. 남은 푸드는 나중에 배가 고프면 다시 먹는다.

고양이 몸짓
배를 보인다
편안해서 상대방에게 응석을 부리고 있다

동물에게 배는 급소 중 하나이다. 특히 야생 고양이는 적으로부터 몸을 보호하는 것을 가장 중요시하며 생활해왔다. 그래서 야생 고양이가 배를 보이는 일은 있을 수 없는 일이다. 집고양이도 긴장하고 있을 때나 불안할 때는 그런 행동을 하지 않지만 주인에게 배를 보인다면 진심으로 편안해 하고 있다는 증거이다. 배를 보이면서 바닥에서 데굴거리고 있다면 '놀아줘~' 하고 어필하고 있는 것으로 꿈적 않고 있다가 주인이 지나가는 순간 장난치려고 한다. 밟지 않도록 조심하자.

고양이의 마음
● 여기는 안심이 돼!
● 같이 놀래요?

사람을 잘 따르는 고양이는 처음 보는 사람에게도 배를 보이기도 한다. 싫지 않다면 쓰다듬어 주자.

고양이 몸짓
숨는다
모르는 사람이나 물건에 경계심을 갖는다

고양이는 위험에 민감한 동물이다. 야생시절 고양이는 기본적으로 혼자서 생활했기 때문에 위험을 피하는 것이 가장 중요했다. 요즘 고양이에게도 그런 습성이 남아 있어 위험이나 공포를 느끼면 모습을 숨긴다. 고양이를 키우는 집에 놀러 갔는데 나오지 않아서 보지 못했던 경험, 아마도 많을 것이다. 특히 얌전하고 신경질적인 아이에게서 많이 볼 수 있는데 숨어 있는 고양이는 억지로 꺼내려 하지 말고 그대로 둔다. 점차 익숙해지면 모습을 드러내게 된다.

고양이의 마음
● 모르는 사람은 무서워요…

눈에 잘 띄지 않는 곳이나 좁고 어두운 곳에 숨는 것이 기본. 얼굴에 경계하고 있음을 알 수 있다. 억지로 나오게 하면 안 된다.

고양이 몸짓
서로 쳐다본다
일촉즉발의 경우와 친애의 경우가 있다

고양이뿐만 아니라 동물은 상대와 눈을 맞추는 것을 꺼려한다. 눈을 맞춘다는 것은 싸움을 건다는 의미가 있기 때문이다. 함께 있는 고양이들이 서로 눈을 맞추려고 한다면 조심하자. 눈이 삼각형으로 되고 귀가 납작해져 있다면 서로에게 화가 나 있다는 뜻이므로 본격적으로 싸움이 일어나기 전에 주인이 개입하여 방지하자. 또 친애를 가지고 상대를 쳐다보는 경우도 있다. 기쁜 듯이 주인을 빤히 쳐다보면 그것은 친애의 증거다. 사이가 좋은 고양이끼리도 가끔 눈을 맞춘다

고양이의 마음
● 한번 해보자는 거야!
● 우리 친하게 지내자

적의인지, 친애인지는 표정과 분위기로 확인하자. 궁합이 나쁜 고양이들은 자주 적의를 품고 서로 눈을 맞추는 경우도 있다.

고양이 몸짓
순번 대기
얌전한 아이는 놀이 때도 차례를 기다린다

얌전한 고양이끼리 있을 때 간혹 장난감이나 안기는 순번을 기다리고 있을 때가 있다. 다른 고양이가 장난감을 가지고 놀고 있으면 한 발짝 뒤로 물러나 자신의 순번을 기다리거나 주인 발밑에서 안아주기를 기다리기도 한다. 얌전하게 순번을 기다리는 아이를 보면 주인도 대견스럽다.
순번을 기다리는 아이는 기본적으로 조용하고 얌전한 성격의 고양이다. 그래서 장난꾸러기 고양이가 새치기 하기도 하는데 그럴 때도 스스로 뒤로 주춤하는 아이가 많으므로 주인이 잘 정리해주자.

고양이의 마음
● 다음은 내 차례야!
● 얌전히 기다려~

하나의 장난감으로 세 마리의 고양이가 순서대로 놀고 있다. 놀고 있는 고양이를 물끄러미 바라보는 모습이 사랑스럽다.

고양이 몸짓
좁은 곳에 들어간다
몸에 꼭 맞는 사이즈를 가장 좋아한다

골판지 박스나 종이봉투, 냄비나 후라이팬까지 고양이는 좁은 곳에 들어가는 것을 매우 좋아하는데 야생 시절의 버릇이 남아서이다. 야생 시절 고양이는 좁은 구멍 속에서 잡아온 먹이를 먹거나 그곳에서 잠을 자거나 했다. 좁은 구멍 속은 천적이 들어오지 못하는 안전한 공간이었기 때문이다! 자기 이외의 적이 들어오지 못하도록 작은 구멍을 좋아한다. 그래서 지금도 몸이 겨우 들어가는 작은 박스 등을 좋아한다. 구멍이 있는 동굴 형태의 잠자리를 좋아하는 것도 이런 이유 때문이다.

고양이의 마음
● 여기면 안심이다!

때로는 몸이 넘칠 정도로 작은 상자에 들어가는 아이도 있다. 이 크기가 적이 들어오지 못하는 가장 안전하다고 느끼는 듯하다.

고양이 몸짓
식빵자세
편히 쉬고 있는 증거이다

양쪽 앞발을 몸 밑에 넣고 등과 뒷다리를 둥글게 말고 앉아 있는 고양이. 이것이 '식빵자세'이다. 옆이나 위에서 보면 갓 구운 식빵 같다고 해서 다들 그렇게 부른다. 앞다리를 깊이 몸 밑으로 넣고 앉아 있으면 비상시에 민첩하게 움직이지 못한다. 그러므로 이런 모습을 보인다면 고양이가 상당히 편하다는 것을 의미한다. 그대로 잠이 드는 고양이도 있다. 또 앞다리가 밖으로 나와 있는 상태는 비상시에 바로 움직일 수 있는 상태이므로 '식빵자세'만큼 편안한 상태는 아니다.

고양이의 마음
● 왠지 편안한데
● 이대로 자고 싶다

앞다리를 몸 밑으로 넣고 있기 때문에 바로 일어나지 못하는 자세다. '식빵자세'를 하고 있으면 아주 편안한 상태이다.

고양이 몸짓
기지개를 켠다
몸과 마음을 편히 하고 쭉 편다

뒷다리를 쭉 펴거나 등을 둥글게 말아보고, 엉덩이를 쑥 내밀고 앞다리를 쭉 편다. 고양이의 기지개에는 다양한 형태가 있다. 전신으로 기지개를 켜는 고양이는 기분이 좋아 보인다. 인간과 마찬가지로 고양이는 기지개를 켜서 몸을 푼다. 수면 중에 굳어진 근육이나 관절을 풀어주는 행동이다. 또 식빵자세로 앉아 있던 고양이가 기지개를 켠 후에 활동을 시작하는 경우도 있는데 굳은 근육을 풀면서 기분을 좋게 하는 의미이다. 발톱을 갈면서 기지개를 켜는 고양이도 있다.

고양이의 마음
● 자, 일어나볼까!
● 기분전환 ♪

쑥 올라간 아치형의 등, 펴진 다리, 고양이는 전신을 사용해서 스트레칭을 한다. 기지개를 켜면 기분도 몸도 재충전된다.

고양이 몸짓
★ 몸을 부빈다 ★
자신의 냄새를 묻혀 영역을 표시

테이블이나 의자 모서리에 자주 얼굴을 부비는 고양이가 있다. 이것은 고양이에게 중요한 마킹 의식이다. 고양이의 몸이나 얼굴에는 냄새를 발하는 취선이라는 부위가 있어 자신의 냄새를 묻혀 본인의 영역을 표시하는 것이다. 때로는 심각하게 가구에 얼굴을 문대기도 한다.
주인이 외출에서 돌아왔을 때에 다가와 부비는 것도 같은 이유이다. 자신의 냄새 말고 다른 냄새가 묻어 있나 확인하고 있는 것이다.

고양이의 마음
- 여기 내 자리야!
- 엄마는 내꺼야!

얼굴을 마구 문질러 털이 엉망인 때도 있지만 고양이에게는 매우 중요한 의식이다.

고양이 몸짓
바닥에서 데굴데굴
고양이가 놀아달라고 하는 몸짓일수도

바닥에서 데굴데굴 하던 고양이가 등을 바닥에 대고 몸을 빙글빙글 돌린다. 주인을 보면서 데굴거리면 놀아달라고 하는 신호이고, 주인과 상관없이 그런 상황 자체가 즐거워서 놀고 있는 경우도 있다.
또 등이 가렵거나 위화감을 느끼고 있을 가능성도 있다. 등은 그루밍하기 힘든 부위이므로 자주 부빈다면 벼룩이나 진드기가 있는지 체크해보자.

고양이의 마음
- 뒹굴뒹굴 즐거운 냥이~
- 아휴 간지러워~

데굴데굴 하는 것 자체가 즐거워 기분이 업 되는 일도 있다. 고양이의 표정을 살펴본다.

고양이 몸짓
두 발로 일어선다
호기심 왕성한 고양이에게서 자주 보인다

상반신을 펴고 두 발로 일어선 것처럼 보이는 몸짓이다. 앞다리를 지지대로 해서 몸을 펴거나 미어캣처럼 일어서거나 앉기도 한다. 자기가 보지 못하는 곳에서 무슨 일이 일어나고 있는지 알고 싶은 것이다. 호기심이 왕성한 고양이에게서 흔히 볼 수 있다. 창문 밖을 보고 일어선 경우는 흥미를 끄는 물체를 발견했기 때문이다. 주인을 보고 일어서는 고양이도 있다. 무언가 어필하기 위해 일어서는 경우가 많으므로 얼굴을 가까이 대고 요구하려고 한다.

고양이의 마음
- 뭐 하니?
- 이상한 거 발견!
- 엄마, 해줘~

일어서서 선반 위의 모습을 엿보는 고양이들. 선반 위에 공간이 있는지를 확인하는 것 같아요.

고양이의 마음
- 이거 뭐지!?
- 에잇, 잡아주지!

고양이 몸짓
고양이 펀치
흥미를 끄는 것을 펀치로 확인!

고양이 특유의 몸짓 중에 '고양이 펀치'라는 것이 있다. 대상물을 앞발로 팡팡 두드리는 듯한 몸짓이 마치 펀치를 치는 것처럼 보여서 그렇게 부른다. 이 '고양이 펀치'는 신체 구조상 개는 불가능하다. 고양이 펀치를 날리는 장면은 다양하다. 가장 많은 것이 장난감을 가지고 놀 때이다. 잽싸게 일격을 가할 때도 있고 연속해서 가볍게 펀치를 날리는 때도 있다. 함께 있는 고양이와 놀 때도 한다. 발톱을 드러내고 공격할 정도는 아니고 호기심의 발차기 정도로 보면 된다.

주인에게 가볍게 '고양이 펀치'를 날리는 경우도 있는데 그것은 '놀아줘요~' 하고 유혹하는 것이다. 장난감 등으로 고양이와 커뮤니케이션을 해봐도 좋다. 또 펀치가 아니더라도 궁금한 물건을 앞발로 통통 두드리는 몸짓도 있다. 이것도 호기심의 표현이다.

때로는 고양이들끼리 격렬하게 펀치를 주고받는 경우도 있다. 가벼운 장난이면 괜찮지만, 한쪽이 싫어한다면 못하도록 한다.

기억해두어야 할
고양이 사육 5개 조항

고양이를 사랑하고 마지막까지 건강하기를 바란다면 반드시 미리 알아두어야 하는 고양이 사육 매너입니다. 지역이나 인근 주민에게 민폐를 끼치는 일도 방지하고, 내 고양이의 생명을 지킬 수도 있습니다.

1. 거세나 불임 수술로 교배를 피하자
밖에 나가는 고양이라면 반드시 거세나 불임수술을 해두자. 불필요한 교배의 결과로 길고양이가 늘어나게 되면 주변에 불편을 주게 된다. 또 실내 사육인 경우에도 발정기 특유의 울음소리가 인근 주민들에게 불편을 줄 수도 있다.

2. 인근 주민들에게 불편을 주지 않도록 한다
트러블 중 가장 많은 것이 쓰레기로 내다버린 고양이 모래의 처리다. 고양이의 배뇨물은 냄새가 강하므로 밖으로 새지 않도록 잘 관리한다. 버릴 때는 지역 방침을 잘 확인하고 처리하고, 다른 집 정원에 배뇨하여 문제를 일으키는 일이 없도록 잘 살피자.

3. 건강한 생활을 보내도록 해주자
좁은 집에서 고양이를 10마리나 기르는 것은 고양이에게 좋은 환경이라고 할 수 없다. 고양이에게는 적절한 식사와 잠자리를 마련해주는 것이 무엇보다 중요하다. 너무 무리한 사육은 고양이에게도 불행한 일이다.

4. 고양이의 건강을 관리하자
개와 달리 고양이는 등록의무가 없다(현재 등록제를 실시하는 지자체도 있다). 또 광견병 예방접종과 같은 의무도 없다. 그래서 더욱 소홀히 하기 마련이지만, 고양이의 건강을 지키기 위해서라도 백신 접종을 해두자.

5. 고양이의 생애에 책임을 지자
키우지 못한다고 유기하는 행위는 매우 무책임한 행동이다. 동물보호법에는 동물에 대한 학대를 방지하기 위해서 입양이나 양도를 할 때 시·도의 조례로 정하는 자격요건을 갖춘 자에게만 양도가 가능하도록 되어 있다.

모리스 반려동물 서적 시리즈 VOL.01
내 강아지 더 똑똑하게 키우기

강아지는 인간이 생각하는 것보다 훨씬 똑똑하다!? 내 강아지를 자주성 있는 아이로 키우는 방법 및 일상적인 케어 & 문제행동 교정법 등 다채로운 내용으로 구성되어 있습니다.

정가 : 5,900원

Contents 미리 보기

- ♥ 가장 먼저 알아두어야 할 애견의 마음
- ♥ 서로 자립하여 기분 좋게 애견과 나의 삶의 규칙
- ♥ 지금보다 더 똑똑하게 키우는 법
- ♥ 일상생활에 잠재된 애견의 행동 30가지 일상적인 행동 10가지
- ♥ 질병을 암시하는 행동 20가지
- ♥ 이럴 때는 어떻게 하지!?
- ♥ 비상시에 냉정하게 대처하기 위한 지식 25가지
- ♥ 여러 가지 문제 대처 15가지
- ♥ 예방과 케어 10가지
- ♥ 캐나다의 K9 Kinship 공인 트레이너 스자키 다이씨가 알려주는 흔히 있는 곤란한 행동 Q&A

모리스 서울 서초구 강남대로 95길 66 TEL : 02-545-2690~1 FAX : 02-545-3564 E-mail : khsa-morris@hanmail.net
노령 반려동물 전문쇼핑몰 Website : oldpet.co.kr

모리스 반려동물 서적 시리즈 VOL. 02
내 강아지 장수하는 비결

내 반려견이 오래 살기 위해 기본적으로 알아두어야 할 점 및 질병을 암시하는 신호 등을 알기 쉽게 소개한 책으로 지금 반려견을 키우고 계시는 분들에게 추천합니다.

내 강아지 장수하는 비결
위험한 Dog Food란?
질병을 암시하는 신호?
오래 함께 하기 위한 기본 사육법

식사, 부상, 질병 등 일상생활에서
반려견의 건강을 지키는 지식 100
모리스

정가 : 5,900원

Contents 미리보기

- 가장 먼저 알아두어야 할 기초지식
- 장수견의 반려인을 전격 인터뷰!
- 반려견이 장수하는 비결은?
- 반려견을 장수시키는 힌트집
- 일상생활에서 신경 써야 할 것
- 조금 이상한데? 알아두어야 할 이상 신호
- 노령견이 되었다면 신경 써야 할 것
- 좋은 주치의 찾기와 비용 이야기
- 좋은 주치의 고르는 법
- 백신, 치료비, 수술비, 입원비 등 의료비 표준 일람표
- 반려견이 건강해지는 증상별 효과 있는 마사지
- [최신] 반려견과의 이별 정보 장례는? 장묘는?

모리스
서울 서초구 강남대로 95길 66 TEL : 02-545-2690~1 FAX : 02-545-3564 E-mail : khsa-morris@hanmail.net
노령 반려동물 전문쇼핑몰 Website : oldpet.co.kr

모리스 반려동물 서적 시리즈 VOL. 03
고양이와 더 친해지기

정가 : 5,900원

내 고양이와 함께 있는 것만으로도 행복하지만, 마음이 서로 통한다면 더욱 행복해질 수 있습니다. 이 책에서는 고양이의 몸짓과 언어를 통해서 애묘의 기분을 살피면서 더욱 친해지는 방법을 알려드립니다.

Contents 미리보기

- ♥ Introduction 고양이는 어떤 동물?
- ♥ 고양이와 사람과의 역사
- ♥ 지금이 고양이와 인간에게 가장 행복한 시대
- ♥ 고양이의 사회화 시기는 생후 16주까지
- ♥ 고양이를 입양할 때 유념해야 할 점
- ♥ 다양한 고양이 장난감
- ♥ 고양이는 싫증을 잘 내고 호기심이 많다
- ♥ 고양이를 황홀하게 만드는 애정 가득한 마사지
- ♥ 고양이와 함께 자는 법
- ♥ 말을 알아듣는 고양이로 길들이기
- ♥ 바디 손질도 잊지 말아요
- ♥ 고양이의 습성을 알고 더욱 행복해지는 법
- ♥ 화장실에 집착
- ♥ 마킹
- ♥ Cat Food는 다양하게 먹이기
- ♥ 거세 및 피임의 중요성
- ♥ 한 마리 키우기와 여러 마리 키우기
- ♥ 실내에서 키우는 것이 가장 안전하다
- ♥ 노령 반려묘와의 커뮤니케이션 방법
- ♥ 맺음말 반려묘는 인생의 소중한 파트너

모리스
서울 서초구 강남대로 95길 66 TEL : 02-545-2690~1 FAX : 02-545-3564 E-mail : khsa-morris@hanmail.net
노령 반려동물 전문쇼핑몰 Website : oldpet.co.kr

모리스 반려동물 서적 시리즈 VOL. 05
트리머를 위한 베이직 수의학

정가 : 27,000원

트리머가 되어 애견 살롱을 운영하기 위해서는 미용 기술뿐만 아니라 꼼꼼한 **위생관리** 및 **소독, 강아지의 질병**에 대한 전반적인 지식을 갖추어야 전문 애견미용사로 성장할 수 있습니다. 애견 미용을 처음 접하는 분들에게 이 책을 추천합니다.

Contents 미리 보기

제1장 애견 트리머와 밀접한 질병
① 피부병
② 귀·눈의 질병
③ 구강·항문주변의 질환
④ 기생충·외부 기생충
⑤ 감염증

제2장 그 밖에 알아두어야 할 질환
① 뼈·근육 관련 질환
② 호흡기·순환기계 질환
③ 소화기계 질환
④ 비뇨기·생식기계 질환
⑤ 내분비계 질환

제3장 애견 트리머의 필수 실용지식

제4장 애견미용실의 위생과 트리밍

제5장 반려동물의 영양학
(칼럼 개의 질병①)
뇌전증(간질)이란
(칼럼 개의 질병②)
수두증이란
개의 백신접종에 관하여
사료 고르는 법, 주는 법
사료의 라벨 보는 법
간식 고르는 법, 주는 법

모리스
서울 서초구 강남대로 95길 66 TEL : 02-545-2690~1 FAX : 02-545-3564 E-mail : khsa-morris@hanmail.net
노령 반려동물 전문쇼핑몰 Website : oldpet.co.kr

모리스 반려동물 서적 시리즈 VOL. 06
트리머를 위한 베이직 테크닉

트리머로서 가장 먼저 익혀야 할 지식과 범용성 높은 트리밍 기법을 한 권에 담은 입문서입니다. 최근의 트렌드와 최신 정보, 독자성이 높은 내용도 소개했습니다. 부교재나 참고서로도 꼭 활용되기를 바랍니다.

정가 : 27,000원

Contents 미리 보기

제1장 그루밍과 환경
트리밍이란 무엇인가
트리밍 룸
트리머의 건강을 위해
[column] 손의 각 부위 명칭

제2장 그루밍 도구
가위
클리퍼(전동이발기)
트리밍 나이프
브러시&코움
기타 그루밍 도구

제3장 견체(犬體)의 기초
개의 몸에 관한 기초기식
개의 피부
개의 피모
눈·발톱·치아의 관리

제4장 개의 보정
개의 보정과 마음가짐
보정·핸들링의 기본

제5장 베이싱
브러싱의 기본
샴핑
드라잉
래핑의 테크닉

제6장 클리핑과 시저링
면과 각 잡는 법
얼굴의 클리핑
발의 클리핑
바디의 클리핑
시저링
브레이슬릿 만들기
[column] 푸들의 쇼클립

제7장 일러스트 해설·견종별 응용
비숑 프리제
아메리칸 코커 스패니얼
미니어처 슈나우저
포메라니안
몰티즈
베들링턴테리어
에어데일테리어
노퍽 테리어
아이리시 테리어
셔틀랜드 십독

용어해설

모리스 서울 서초구 강남대로 95길 66 TEL : 02-545-2690~1 FAX : 02-545-3564 E-mail : khsa-morris@hanmail.net
노령 반려동물 전문쇼핑몰 Website : oldpet.co.kr

사랑한다면 이제 Grooming Tab 해 주세요

화학 제품인 샴푸제나 비누는 그만

Grooming Tab이 만드는 탄산온천 성분의 중탄산 이온수로 반려견의 피부를 지켜주세요!

반려견의 피부를 지켜주는 가장 좋은 방법은 화학 성분인 샴푸제와 비누를 사용하지 않고 중탄산 이온수로 깨끗하게 목욕시키는 것입니다! Grooming Tab은 수돗물을 중탄산 이온수로 바꾸어 최고급 온천수와 같은 효과를 냅니다. 샴푸제나 비누 없이도 각종 노폐물과 오염물질을 찌꺼기 없이 깨끗하게 제거하므로 반려견의 피부와 모질 관리에 매우 좋습니다. 이제 친환경적인 세정력, 중탄산 이온으로 인한 혈액순환 촉진, 스트레스 해소, 보습 효과, 부드러운 촉감 등을 체험해보세요.

Grooming Tab으로 중탄산 이온수가 만들어지는 과학적 원리

중탄산 이온과 수소 이온, 구연산의 트리플 효과

$$H_2CO_3 \rightarrow H^+ + HCO_3^-, C_6H_8O_7$$

Hot Tab은 중탄산 이온과 수소 이온에 구연산이 결합되어 탁월한 세정효과를 나타냅니다. 특히 구연산이 중탄산 이온의 흡수를 도와 피부를 효과적으로 케어하고, 중탄산 이온수의 다양한 효능을 높여줍니다.

※ 성분 : 탄산수소Na, 구연산, 탄산Na, PEG6000 / 고급 소재로 만든 안심할 수 있는 일본산 제품입니다

10정·30정·100정
Made in Japan

전용 샤워헤드로 편리하게 사용하세요!

Grooming Tab 1정을 전용 샤워헤드 안에 넣고 사용하면 녹기 시작한 고농도 중탄산 이온이 샤워 노즐에서 확실하게 방사됩니다. 투명한 샤워헤드는 방탄유리 소재로 제작되어 웬만한 충격에도 손상이 없고 안전합니다.

냄새 케어 · 모질 케어 · 건강 케어

에프이코스메틱(주)

서울 서초구 강남대로 95길 66 TEL : 02-545-2690~1 FAX : 02-545-3564 E-mail : khsa-morris@hanmail.net
노령 반려동물 전문쇼핑몰 Website : oldpet.co.kr

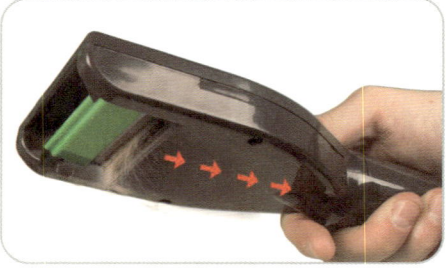
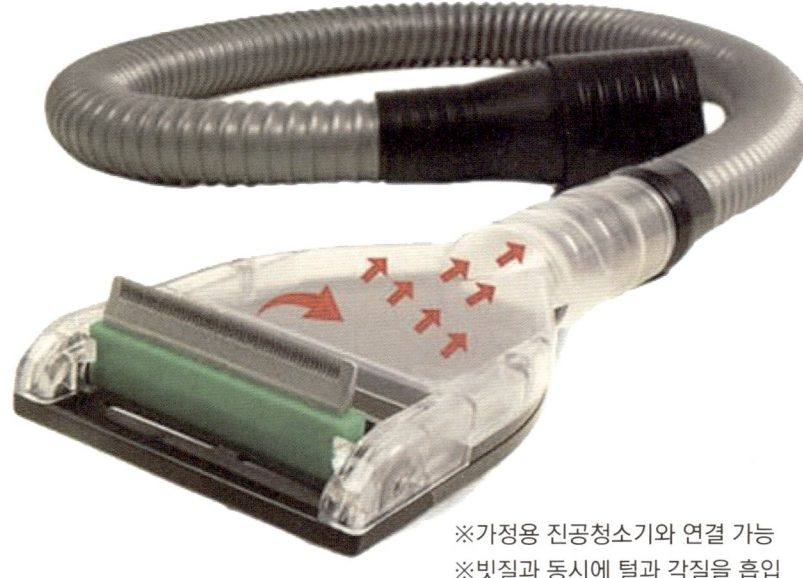

Himalaya CHEESE STICK
히말라야치즈스틱

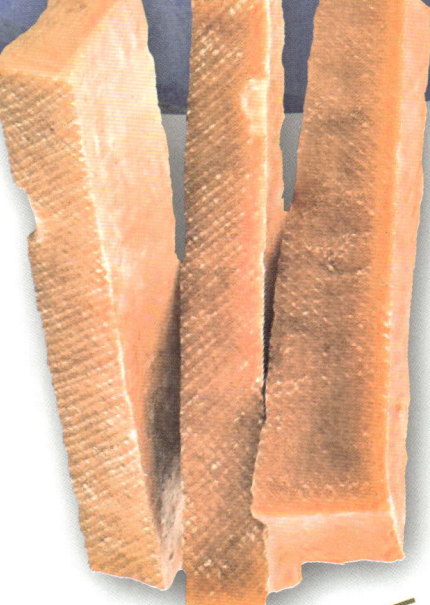
YAK CHEESE

FDA 미국 식품의약국 승인
FDA (Food and Drug Administration)
미국식품의약처의 엄격한 기준에 의해 순도, 강도, 안정성, 효능 등이 검증된 우수한 제품입니다.

100% NATURAL
100% 천연 재료
야크 우유, 라임 과즙만으로 만들며 방부제나, 첨가물, 글루텐 프리입니다.

먹다 남은것도 전자레인지에 데우면 바삭바삭!
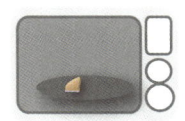

사이즈및 종류
- **P**owder 1pc × 70g
- **L**arge 1pc × 100g
- **N**ugget 8pc × 8.5g
- **S**mall 1pc × 30g
- **S**mall.2 3pc × 30g
- **M**medium 1pc × 70g

풍부한 영양
히말라야에 서식하는 야크의 밀크로 만들어 질 좋은 단백질이 풍부합니다.

오래 즐기는 즐거움
다른 껌에 비해 오랫동안 먹을 수 있습니다.

장기 보관 가능
장기보존 가능하며 끈적이지 않아 불순물이 들러붙지 않습니다!

양치 효과
치석제거 효과가 있으므로 일석이조.

안심할 수 있는 국내 자사 공장
모리스앤코(주) 국내 자사 공장에서 철저한 검품과 가공을 하고 있습니다.

다이어트 효과
야크 치즈는 칼로리는 낮고 영양분은 풍부하여 다이어트 간식에 안성맞춤입니다.

모리스앤코(주) 서울 서초구 강남대로 95길 66 TEL : 02-545-2690~1 FAX : 02-545-3564 E-mail : khsa-morris@hanmail.net
노령 반려동물 전문쇼핑몰 Website : oldpet.co.kr

감수

노야 마사히코(野矢雅彦)

노야 동물병원 원장. 일본수의축산대학 수의학과 졸업. 1983년에 노야 동물병원을 개원. 애완동물의 진찰 및 진료는 물론이고 동물과 인간과의 보다 나은 관계를 형성하기 위해 폭넓게 활동 중이다. 펫 관련 서적의 집필 및 감수도 다수 하고 있으며, 병원에서는 퍼피 클래스, 교육 상담 및 펫 탁아소도 운영하고 있다.

촬영 협력

고양이 카페 "캬리코" 키츠죠지점

Nyafe Melangr

描式

내 고양이 장수하는 비결

초판1쇄 발행 2017년 11월 20일

펴낸이 정태봉
옮긴이 신명분
펴낸곳 모리스

한국어판 ⓒ모리스 2017. Printed in Seoul, Korea

Aibyou wo nagaiki saseru kotsu by Masahiko Noya
Copyright ⓒ 2015 by Masahiko Noya
Original Japanese edition published by Takarajimasha, Inc.
Korean translation rights arranged with Takarajimasha, Inc.
Korean translation rights ⓒ 2017 by MORRIS COMPANY

주소 우:06528 서울 서초구 강남대로 95길 66 중원빌딩 1층
전화 02_545_2690~1
팩스 02_545_3564
홈페이지 www.oldpet.co.kr
이메일 khsa-morris@hanmail.net

ISBN 978-89-957845-5-6

* 이 책의 저작권은 저자에게 있으며 무단 복제와 전재는 법으로 금지되어 있습니다.
* 잘못된 책은 바꾸어드립니다.